GW01366822

2 000 mots et expressions pour tout dire en anglais

Brigitte Lallement,
Nathalie Pierret

FIRST
Editions

© Éditions First-Gründ, 2012
Le Code de la propriété industrielle interdit les copies ou reproductions destinées à une utilisation collective. Toute représentation ou reproduction intégrale ou partielle faite par quelque procédé que ce soit, sans le consentement de l'Auteur ou de ses ayants cause, est illicite et constitue une contrefaçon sanctionnée par les articles L 335-2 et suivants du Code de la propriété intellectuelle.

ISBN : 978-2-7540-3797-6
Dépôt légal : avril 2012

Édition : Benjamin Ducher
Correction : Christine Cameau
Couverture : Olivier Frenot
Mise en page : Stéphane Angot

Éditions First-Gründ
60, rue Mazarine
75006 Paris – France
Tél. : 01 45 49 60 00
Fax : 01 45 49 60 01
firstinfo@efirst.com
www.editionsfirst.fr

Sommaire

Introduction IX

Partie I : Vivre en société

Soyons polis ! / *Let's be polite!* 3
La pensée et le langage / *Thinking and speaking* 13
Les émotions et les attitudes / *Emotions and attitudes* . . 19
La famille / *Family* 29

Partie II : Le corps humain

Le corps / *The body* 37
La santé / *Health* 45
Parler au médecin / *Talking to the doctor* 47

Partie III : Se nourrir

Les aliments / *Food* 57
Au restaurant / *At the restaurant* 77

Partie IV : S'habiller

Les vêtements / *Clothes* 87
Acheter des vêtements / *Buying Clothes* 91
La confection / *The clothing industry* 101

Partie V : Se loger

La ville / *The city* 107
La maison / *The house* 119
À l'intérieur de la maison / *Inside the house* 127

Partie VI : Se déplacer

Se mouvoir / *Moving around* 143
La voiture et les deux-roues / *Cars and two-wheelers* .. 147
Les transports en commun / *Public transports* 161
Les voyages / *Travels* 171

Partie VII : Faire des achats

Les achats / *Purchasing* 175
Les magasins / *Shops* 181
L'argent / *Money* 197

Partie VIII : Au travail

L'économie / *Economics* 205
Au travail / *At work* 211
Le lieu de travail / *The workplace* 217
Les métiers / *Jobs* 223
L'éducation / *Education* 229
Les relations au travail / *Relationships at the workplace* ... 237

Sommaire

Partie IX : Se distraire

Les vacances / *Holidays (GB), vacation (US)*............ 245
Les loisirs / *Leisure*................................ 259
Le sport / *Sport*................................... 267

Partie X : Autour de nous

Climat et météo / *Climate and weather forecast* 279
L'environnement / *Environment* 289
Les paysages / *Landscapes*.......................... 293
Les animaux / *Animals*.............................. 301
Les végétaux / *Plants*............................... 313

Partie XI : Communiquer

Avec les gens / *With people*.......................... 321
Avec le monde / *With the world*...................... 335
La publicité / *Advertising* 345

Partie XII : Quelques repères indispensables

Les nombres / *Numbers*............................. 353
Quantités et mesures / *Quantities and measurements* ... 359
Les verbes irréguliers................................ 365

Introduction

■ Un livre pour qui ?

Pour tous ceux qui se disent : « J'ai fait de l'anglais au collège et au lycée mais j'ai beaucoup oublié. » Eh oui ! Les mots et expressions que l'on n'utilise pas disparaissent vite dans le fond de notre mémoire. Mais, vous verrez, ils reviendront facilement à la surface si vous sollicitez vos neurones à l'aide de ce livre.

■ Un livre pour quoi ?

Peut-être avez-vous besoin de l'anglais pour voyager, ou pour rencontrer des étrangers en visite ? Ou peut-être auriez-vous tout simplement plaisir à retrouver ce que vous avez appris ? Voilà l'occasion de raviver vos souvenirs.

■ Un livre facile à utiliser

Douze chapitres correspondent aux situations les plus courantes de la vie quotidienne : « Se nourrir », « Se déplacer », « Se loger », « Faire des achats », etc. Vous pourrez vous repérer facilement en consultant le sommaire.

Dans chaque chapitre, vous trouverez les mots indispensables et des listes d'expressions dans lesquelles nombre de ces mots sont mis en situation – ce qui vous aidera à les mémoriser.

Des petits encadrés vous apporteront des anecdotes ayant trait à la culture des Britanniques ou des Américains, des informations pratiques pour répondre à des besoins particuliers, ou des astuces pour vous aider à choisir les bons mots.

Un livre à mettre dans votre poche pour faire face à toutes les situations de la vie de tous les jours.

Partie I
Vivre en société

Soyons polis !
La pensée et le langage
Les émotions et les attitudes
La famille

Soyons polis !
Let's be polite!

■ Saluer
Greeting

- **Bonjour !**
  Hi! / Hello!
  Good morning.
  Good afternoon.

- **Bonsoir !**
  Good evening.

- **Comment allez-vous ? — Très bien, merci.**
  How are you? — I'm fine, thank you.
  How are you doing? — I'm okay. Thank.

- **Et vous ?**
  How about you?

- **Ravi de vous rencontrer — Moi aussi.**
  Nice to meet you. — Nice to meet you too.

- **Je suis content de te rencontrer.**
  It's good to see you.

- **Enchanté de faire votre connaissance.**
  How do you do?

- **Cela fait des siècles qu'on ne vous a pas vu(e) !**
  We haven't seen you for ages!

- **Quoi de neuf ?**
  What's up?

Enchanté !

Quand vous rencontrez quelqu'un pour la première fois, on vous dira *How do you do?* À cette fausse question, répondez par la même formule : *How do you do?*

Bonjour monsieur / Bonjour madame

On a le choix entre une expression formelle, plutôt réservée au commerce ou aux relations hiérarchiques.
Good morning, madam / Good morning, sir.
Ou une autre, plus courante et plus familière :
Good morning Mrs Turner / Good morning Mr Jones.

NE PAS CONFONDRE !

How are you doing?	Comment allez-vous ?
What are you doing?	Qu'est-ce que vous êtes en train de faire ?

Faire les présentations
Introducing people

- **Bonjour. Je suis Cindy (Bearns).**
  Hi. I'm Cindy (Bearns).

- **Mon ami Jill.**
  This is my friend, Jill.

- **Bonjour Jill. Je suis Linda.**
  Hi Jill. I'm Linda

- **Voici mon père, M. Bearns.**
  This is my father, Mr Bearns.

- **Je voudrais vous présenter à mon meilleur ami.**
  I'd like to introduce you to my best friend.

- **Puis-je vous présenter Peter ?**
  May I introduce Peter to you?

Qui présenter?

My brother (mon frère) / *my sister* (ma sœur) / *my teacher* (mon professeur) / *my friend* (mon ami(e)) / *my boss* (mon patron, ma patronne) / *my co-worker* (mon collègue), etc.

Coordonnées personnelles
Personal details

- **Comment vous appelez-vous ? — Pierre Martin.**
  What's your name? — My name is Pierre Martin.

- **Je m'appelle Pierre Martin.**
  I'm called Pierre Martin.

- **Quel âge avez-vous ? — J'ai 27 ans.**
  How old are you? — I'm 27 (years old).

- **Quelle est votre date de naissance ?**
  When is your birthday?
  When were you born?

- **Je suis né(e) le 5 novembre.**
  I was born on November the 5th.

- **Où habitez-vous ?**
  Where do you live?

- **D'où venez-vous ?**
  Where are you from?

- **Pouvez-vous me donner votre adresse ?**
  Can you give me your address, please?

- **Voici ma carte d'identité.**
  Here's my ID (Identity Card).

- **N'oubliez pas votre passeport !**
  Don't forget your passport!

- **Que faites-vous ?**
  What do you do?

- **Où travaillez-vous ?**
  Where do you work?

- **Que faites-vous dans la vie ?**
  So what do you do with yourself?

Questions de noms

Il y a de quoi s'y perdre !
Le prénom : *Christian name, first name, given name.*
Le nom : *surname, last name.*
Le nom de jeune fille : *maiden name, family name.*
Le surnom : *nickname.*

■ Inviter quelqu'un
Inviting someone

- **Que faites-vous demain ?**
  What are you doing tomorrow?

- **Est-ce que cela vous ferait plaisir de venir dîner ?**
  Would you like to come for dinner?

- **Je voudrais vous inviter à déjeuner.**
  I'd like to invite you to lunch.

- **Et si on allait au cinéma ?**
  How about going to the cinema?

- **Voulez-vous que je vous accompagne ?**
  Do you want me to go with you?

■ Accepter une invitation
Accepting an invitation

- **Oui. Merci de m'inviter.**
  Sure. Thank you for inviting me.

- **Merci ! Ça a l'air sympa.**
  Thanks! That sounds fun.

- **C'est quand ?**
  When is it?

- **C'est quel jour ?**
  What day is it?

- **Cela commence / finit à quelle heure ?**
  What time does it start / end?

- **D'accord. Donnons-nous rendez-vous à 16 heures.**
  OK. Let's meet at four o'clock.

■ Refuser une invitation
Refusing an invitation

- **Non merci.**
  No, thank you.

- **Je ne peux pas. Désolé(e).**
  I can't. I'm sorry.

- **Je suis désolé(e), mais je dois prendre mon train.**
  I'm sorry, but I have to take my train.

- **Merci. Mais j'ai un rendez-vous à cette heure-là.**
  Thanks. But I have an appointment at that time.

- **Je préférerais ne pas sortir ce soir.**
  I'd rather not go out tonight.

Accueillir quelqu'un
Welcoming somebody

- **Bienvenue !**
  Welcome!

- **Bonjour. Entrez donc !**
  Hello! Do come in!

- **Vous êtes sûr que vous ne voulez pas entrer ?**
  Are you sure you wouldn't like to come in?

- **C'est si gentil à vous de venir nous voir !**
  So nice of you to come and visit us!

- **Puis-je vous offrir un verre ?**
  May I offer you a drink?

■ Prendre congé
Taking leave

- **Maintenant, il faut que je parte.**
  Now I've got to go.

- **Pouvez-vous m'excuser, s'il vous plaît ? Je dois partir.**
  Would you excuse me, please? I have to go.

- **Je suis ravi(e) de vous avoir rencontré.**
  It was lovely meeting you.

- **Je me suis bien amusé(e).**
  I had a great time.

- **Merci de m'avoir invité(e) [après une sortie].**
  Thanks for asking me out.

- **Bon retour !**
  Have a safe trip back!

- **Merci. Au revoir. Prends soin de toi.**
  Thank you. Bye… Take care

- **Restons en contact !**
  Let's keep in touch!

- **Si vous revenez à Paris, faites-le-moi savoir.**
  If you come to Paris again, do let me know.

- **Bonne fin de voyage !**
  Enjoy the rest of your trip!

Commencer une conversation
Starting a conversation

- **Quel beau temps, n'est-ce pas ?**
  Nice day, isn't it?

- **Belle journée, n'est-ce pas ?**
  Lovely day today, isn't it?

- **Vous vous amusez bien ?**
  Are you having a good time?

- **Vous connaissez beaucoup de gens ici ?**
  Do you know many people here?

- **Qu'est-ce qu'il se passe ?**
  What's happening? / What's going on?

- **Vous êtes un ami de Mme Tracy ?**
  Are you a friend of Mrs Tracy's?

- **Comment la connaissez-vous ?**
  How do you know her?

- **Je vais chercher à boire. Je vous en prends ?**
  I'm getting a drink. Can I get you one?

- **Vous êtes déjà venu ici ?**
  Have you been here before?

S'excuser
Apologizing

- **Excusez-moi. Savez-vous quelle heure il est ?**
  Excuse me. Do you know what time it is?

- **Désolé de vous avoir fait attendre.**
  Sorry to keep you waiting.

- **Je suis vraiment désolé(e).**
  I'm really sorry.

- **Je vous prie de m'excuser pour mon retard.**
  I apologize for being late.

- **Excusez-moi de vous avoir marché sur le pied.**
  I'm very sorry for stepping on your foot.

Excuse me!

Une phrase à répéter sans modération. Utilisez *excuse me!* à tout propos – par exemple quand vous voulez poser une question à quelqu'un. Dans une situation plus formelle, vous pouvez dire *I beg your pardon* – par exemple, pour signifier que vous avez mal entendu.

Pour vous excuser de quelque chose que vous avez fait, dites *I am sorry* ou, plus formel, *I apologize*.

La pensée et le langage
Thinking and speaking

Des mots d'esprit

Il faut choisir le bon mot pour parler de l'esprit !
- *The mind* se réfère à la faculté de penser.
- *The spirit* se réfère à l'âme, aux émotions… ou aux fantômes.
- *The soul* est à peu près équivalent au français « âme ».
- *The brain(s)* se réfère au cerveau.
- Et, dans le vocabulaire religieux, le Saint-Esprit se traduit par *the Holy Ghost*.

■ L'intelligence
Intelligence

- **astucieux** — *clever*
- **bon sens** — *common sense*
- **brillant** — *bright, brilliant*
- **capable de (être)** — *able to (be)*
- **cerveau** — *brains*
- **compétence** — *skill*
- **comprendre** — *understand*
- **deviner** — *guess*
- **idiot** — *fool*
- **impartial** — *unbiased*

- **obtus** — *dull*
- **préjugé** — *bias, prejudice*
- **sage** — *wise*
- **stupide** — *stupid*

L'esprit ouvert ou non ?

Be open-mided.	Avoir l'esprit large, ouvert.
Be narrow-minded.	Être borné.
He's got brains!	Il est très intelligent !

Penser
Thinking

- **argument, dispute** — *argument*
- **argumenter** — *argue*
- **concentrer (se)** — *concentrate*
- **connaissance** — *knowledge*
- **conscient de (être)** — *aware of (be)*
- **évaluer** — *assess, appraise*
- **idée** — *idea*
- **jugement** — *judgment*
- **pensée** — *thought*
- **raisonnement** — *reasoning*
- **réaliser** — *realize*
- **savoir** — *know*

> ### De bons arguments
> Le mot *argument* s'emploie couramment dans l'expression *Have an argument*, qui signifie « se disputer ». *Argument* équivaut alors à « querelle ».

■ Parler
Speaking

• **accent**	*stress*
• **acclamer**	*cheer*
• **articuler**	*articulate*
• **bégayer**	*stammer*
• **chuchoter**	*whisper*
• **dire**	*say, tell*
• **discours, parole**	*speech*
• **faire des cancans**	*gossip*
• **fermer sa boîte**	*shut up*
• **hurler**	*shout*
• **parler**	*speak*
• **parler de**	*talk about*
• **prononcer**	*utter*
• **rester silencieux**	*keep silent*
• **sourd muet**	*deaf and dumb*
• **ton, intonation**	*tone*

> ### *Say* ou *tell* ?
>
> *Tell* nécessite que l'interlocuteur soit mentionné : *You tell somebody something*.
>
> *Say* ne nécessite pas que l'interlocuteur soit mentionné et, s'il est mentionné, il est introduit par *to* : *You say something (to somebody)*.

■ Communiquer
Communicating

• **annoncer**	*announce*
• **approuver**	*approve of*
• **compte rendu (faire un)**	*account of (give an)*
• **convaincre**	*convince*
• **demander**	*ask*
• **être d'accord avec**	*agree with*
• **expliquer**	*explain*
• **faire allusion à**	*allude to*
• **faire appel**	*appeal*
• **insister sur**	*insist on*
• **lavage de cerveau**	*brainwashing*
• **mentionner**	*mention*
• **plaindre (se)**	*complain*
• **rapport**	*report*

• réclamer, affirmer	*claim*
• référer à (se)	*refer to*
• répondre	*answer, reply*
• révéler	*reveal*
• souligner, mettre en relief	*emphasize*
• suggérer	*suggest*
• suggérer, suggestion	*hint*

Les éléments du langage
Elements of language

• adjectif	*adjective*
• expression	*phrase, expression*
• genre	*gender*
• mot composé	*compound word*
• mot de liaison	*link word*
• nom	*noun*
• phrase	*sentence*
• point	*full stop* (UK), *period* (US)
• point d'exclamation	*exclamation mark*
• point d'interrogation	*question mark*
• racine	*root*
• temps grammatical	*tense*

- **terminaison** — *ending*
- **tiret** — *dash*
- **trait d'union** — *hyphen*
- **verbe** — *verb*
- **virgule** — *colon*

Les émotions et les attitudes
Emotions and attitudes

■ Le comportement
Behaviour

- **bien élevé** — *well-bred*
- **bonnes manières** — *good manners*
- **caractère** — *temper*
- **cérémonieux** — *formal*
- **conduire (se)** — *behave*
- **conduite** — *behaviour*
- **coupable (être)** — *guilty (be)*
- **défaut** — *fault*
- **devoir** — *duty*
- **élever, éduquer** — *bring up*
- **émouvant** — *touching*
- **émouvoir** — *move*
- **humeur** — *mood*
- **innocent (être)** — *innocent (be)*
- **raison (avoir)** — *right (be)*
- **sentiment** — *feeling*
- **sentir, se sentir** — *feel*
- **tort (avoir)** — *wrong (be)*
- **vertu** — *virtue*

Le bien, le mal

Good and Evil.	Le Bien et le Mal.
Right or wrong?	Vrai ou faux ?
It was the right thing to do.	C'est ce qu'il fallait faire.

Le caractère

Be good-tempered.	Avoir bon caractère.
Be bad-tempered.	Avoir mauvais caractère.
Be in a good / bad mood.	Être de bonne / mauvaise humeur.

■ J'aime… Je n'aime pas…
I like… I dislike…

- **J'adore lire des romans policiers.**
  I love reading detective novels.

- **Cela ne me dérange pas de faire le ménage.**
  I don't mind doing the housework.

- **Je ne supporte pas ce genre de musique.**
  I can't stand that kind of music.

- **J'ai horreur de repasser.**
  I hate / loathe ironing.

- **Je n'ai pas envie de regarder la télé ce soir.**
  I don't feel like watching TV tonight.

Les émotions et les attitudes

■ Les souhaits
Wishing

- **Bonne chance !**
  Good luck!

- **Bon anniversaire.**
  Happy birthday.

- **Tous nos souhaits de bonheur.**
  All our best wishes for your future happiness.

- **À vos souhaits !**
  Bless you!

- **Je donnerais n'importe quoi pour être là-bas !**
  I'd give anything to be there now!

- **Ah, si j'étais millionnaire !**
  I wish I were a millionaire!

- **Si seulement il pouvait arrêter de pleuvoir !**
  I wish it would stop raining!

- **Si seulement il était là !**
  If only he were here!

■ Les émotions positives
Positive emotions

- **agréable**   *pleasant*
- **amical**   *friendly*

Vivre en société

- **amoureux (être)** — *in love (be)*
- **cœur** — *heart*
- **content** — *glad, pleased*
- **heureux** — *happy*
- **intéressant** — *interesting*
- **joyeux** — *joyful*
- **magnifique** — *wonderful, fantastic*
- **passionné** — *passionate*
- **réconforter** — *cheer up*
- **réjouir** — *cheer*
- **satisfait** — *satisfied*
- **sensible** — *sensitive*
- **sentimental** — *sentimental*
- **surpris** — *surprised*

Attention aux faux amis !

She is very sensitive.	Elle est très sensible.
She is a sensible girl.	C'est une fille sensée.

■ **Encourager**
Encouraging

- **Super ! Félicitations.**
  Good boy! Congratulations.

- **Vas-y, ma vieille ! Tu vas y arriver !**
  Go on, old girl! You'll do it!

- **Allons. Allons. Ça va aller.**
  There, there. Everything will be all right.

■ **L'enthousiasme**
Enthusiasm

- **Ça a l'air génial !**
  It looks great! [si on lit ou voit quelque chose]
  It sounds great! [si on entend parler de quelque chose]

- **Elle est tellement contente de sa nouvelle voiture !**
  She's so pleased with her new car!

- **Je suis passionné de généalogie.**
  I am passionate about genealogy.

- **Je suis impatient de voir ce que c'est.**
  I am eager to see what it is.

Les attitudes positives
Positive attitudes

- **attentionné** — *careful*
- **bien (se sentir)** — *good, great (feel)*
- **calme** — *quiet*
- **confiant** — *confident*
- **courageux** — *brave*
- **courtois** — *courteous*
- **curieux** — *curious*
- **enthousiaste** — *excited*
- **extraverti** — *outgoing*
- **fier de** — *proud of*
- **gai, animé** — *lively*
- **gentil** — *nice*
- **honnête** — *honest*
- **intéressant** — *interesting*
- **juste** — *fair*
- **malin** — *clever*
- **optimiste** — *optimistic*
- **prudent** — *cautious*
- **raffiné** — *refined*
- **raisonnable** — *sensible*
- **respectueux** — *respectful*
- **solide, dur** — *tough*

LES ÉMOTIONS ET LES ATTITUDES

Sur la Lune ?
We were all over the moon when we heard the good news.
Nous avons été absolument ravis quand nous avons entendu la nouvelle.

■ Les émotions négatives
Negative emotions

• **angoissé**	*anxious*
• **chagrin**	*grief*
• **chagrin (avoir du)**	*grieving (be)*
• **choqué**	*shocked*
• **colère (être en)**	*angry (be)*
• **déçu**	*disappointed*
• **dégoûté**	*disgusted*
• **désolé**	*sorry*
• **ennuyé**	*annoyed*
• **ennuyé, confus**	*confused, bewildered*
• **enragé**	*enraged*
• **frustré**	*frustrated*
• **horrible**	*awful*
• **horrifié**	*horrified*
• **incrédule**	*disbelieving*
• **indifférent**	*indifferent*

- **intrigué** — *puzzled*
- **jaloux** — *jealous*
- **mal (se sentir)** — *bad (feel)*
- **nerveux** — *nervous*
- **perturbé** — *upset*
- **peur (avoir très)** — *frightened (be)*
- **terrible** — *terrible*
- **très triste** — *miserable*
- **triste** — *sad*
- **vexé (être)** — *hurt (be)*

L'indifférence
Indifference

- **Ça m'est égal.**
  It's all the same to me.

- **Je m'en fiche.**
  I don't care.

- **Comme tu veux. Ça ne me dérange pas.**
  As you like. I don't mind.

LES ÉMOTIONS ET LES ATTITUDES

■ La colère
Anger

- **Fiche le camp !**
  Get out of here!

- **J'en ai marre de cette situation.**
  I am fed up with that situation!

- **Je t'avertis ! C'est la dernière fois.**
  I'm warning you! It's the last time.

- **Je suis désolé mais je n'en peux plus.**
  I'm sorry but I can't take it any more.

- **Bon. On va voir les choses calmement.**
  Now. We're going to examine the matter calmly.

■ Les attitudes négatives
Negative attitudes

• **agressif**	*aggressive*
• **arrogant**	*arrogant*
• **bruyant**	*noisy*
• **ennuyer (s')**	*bored (be)*
• **enragé**	*enraged*
• **épuisé**	*exhausted*
• **espiègle**	*mischievous*
• **étrange**	*strange*

- **fou** — *crazy, mad*
- **hystérique** — *hysterical*
- **impuissant** — *helpless*
- **insolent** — *cheeky*
- **mal élevé** — *ill-bred*
- **manque de respect** — *disrespect*
- **méchant** — *nasty*
- **peu raffiné** — *rough*
- **revêche** — *surly*
- **solitaire** — *lonely*
- **soupçonneux** — *suspicious*
- **stupide** — *stupid*
- **sot** — *silly*
- **tatillon** — *fussy*

La famille
Family

■ La parenté
Relatives

- **beau-père** — *stepfather*
- **belle-mère** — *stepmother*
- **demi-frère** — *half-brother, stepbrother*
- **femme, épouse** — *wife*
- **fiancé(e)** — *fiancé(e)*
- **fille** — *daughter*
- **fils** — *son*
- **frère** — *brother*
- **grand-mère** — *grandmother, grandma*
- **grand-père** — *grandfather, granddad, grandpa*
- **jumeau** — *twin*
- **maman** — *mum, mummy* (UK), *mom* (US)
- **mari** — *husband*
- **mère** — *mother*
- **papa** — *dad*
- **père** — *father*
- **sœur** — *sister*

Vivre en société

Les parents

Il y a deux traductions pour le mot « parents » :
- *parents* pour désigner le père et la mère ;
- *relatives* pour désigner toutes les autres personnes de la famille.

La famille élargie
The extended family

- **arrière-grands-parents** — *great-grandparents*
- **beau-père** — *father-in-law*
- **belle-mère** — *mother-in-law*
- **cousin, cousine** — *cousin*
- **filleul** — *godchild*
- **jumeau** — *twin*
- **marraine** — *godmother*
- **neveu** — *nephew*
- **nièce** — *niece*
- **oncle** — *uncle*
- **parrain** — *godfather*
- **petit copain** — *boyfriend*
- **petit(s)-enfant(s)** — *grandchild (grandchildren)*
- **petite copine** — *girlfriend*
- **petite-fille** — *granddaughter*

- **petit-fils** — *grandson*
- **tante** — *aunt*

> **Attention à la belle-mère !**
>
> Il faut bien choisir la traduction :
> - *stepmother* pour l'épouse du père ;
> - *mother-in-law* pour la mère du mari ou de l'épouse ;
> - *stepfather* pour le mari de la mère ;
> - *father-in-law* pour le père du mari ou de l'épouse ;
> - *My in-laws* : mes beaux-parents.

Les âges de la vie
The ages of life

- **adolescent (12-14 ans)** — *adolescent*
- **adolescent (13-19 ans)** — *teenager, teen,* (UK), *kid* (US)
- **adulte** — *adult*
- **ancêtre** — *ancestor*
- **bébé** — *baby*
- **enfant(s)** — *child (children)*
- **jeune** — *youth*
- **jeune enfant (2-3 ans)** — *toddler*
- **nouveau-né** — *infant*
- **personne âgée** — *elderly person*

- **personne d'âge moyen**   *middle-aged person*
- **senior**   *senior*

> ### Ménageons les personnes âgées !
>
> Pour parler de votre grand-mère, vous utiliserez l'adjectif **elderly**. Mais si vous voulez régler un compte avec elle, vous emploierez l'adjectif **old**. C'est la même différence qu'entre « il est vieux » et « il est âgé ».
>
> ### Dire son âge
>
> Attention, on utilise le verbe *be* et jamais le verbe *have*.
> Quel âge avez-vous ? — J'ai 27 ans.
> *How old are you? — I'm 27 years old.*
>
> ### L'aîné
>
> L'adjectif *old* a un comparatif spécial pour parler des fils et filles ou frères et sœurs : *elder*.
> *Juno is my elder daughter.*
> Juno est ma fille aînée.

■ État civil
Marital status

- **adopter**   *adopt*
- **célibataire (un)**   *bachelor*
- **célibataire**   *single*
- **couple**   *couple*
- **divorcé**   *divorced*

- **élever (éduquer)** — *bring up*
- **élever** — *raise*
- **enceinte** — *pregnant*
- **fiancé** — *engaged*
- **mariage** — *wedding*
- **marié** — *married*
- **marié (un)** — *groom, bridegroom*
- **mariée (une)** — *bride*
- **monsieur (un)** — *gentleman*
- **orphelin** — *orphan*
- **tomber amoureux** — *fall in love*
- **veuve / veuf** — *widow / widower*
- **vivre ensemble** — *live together*

Se fiancer, se marier… et divorcer

Attention à bien choisir entre *be* et *get*.
- *Be* indique un état : on est fiancé, marié ou divorcé.
- *Get* indique une action : on se fiance, on se marie ou on divorce.

Gai, gai, marions-nous !

Deux mots pour traduire « mariage » :
- *wedding* pour la cérémonie,
- *marriage* pour la situation matrimoniale.

Partie II
Le corps humain

Le corps
La santé

Le corps
The body

■ Les cinq sens
The five senses

• audition	*hearing*
• aveugle	*blind*
• bouche	*mouth*
• entendre	*hear*
• goût, goûter	*taste*
• nez	*nose*
• odeur, sentir	*smell*
• œil	*eye*
• oreille	*ear*
• peau	*skin*
• sourd	*deaf*
• toucher	*touch*
• voir	*see*
• vue	*sight*

LE CORPS HUMAIN

> ### Je vois, j'entends...
>
> On emploie presque toujours le modal *can* devant les verbes qui se réfèrent aux cinq sens :
>
> I can see him. Je le vois.
> I can hear the train. J'entends le train.

■ Les parties du corps
Body parts

- **bouche** — *mouth*
- **bras** — *arm*
- **cou** — *neck*
- **coude** — *elbow*
- **épaules** — *shoulders*
- **genou** — *knee*
- **jambe** — *leg*
- **main** — *hand*
- **œil** — *eye*
- **oreille** — *ear*
- **os** — *bone*
- **pied** — *foot*
- **squelette** — *skeleton*

La tête
The head

- **crâne** — *skull*
- **dent** — *tooth*
- **esprit** — *mind*
- **fossette** — *dimple*
- **front** — *forehead*
- **joue** — *cheek*
- **langue** — *tongue*
- **larme** — *tear*
- **lèvre** — *lip*
- **mâchoire** — *gums*
- **mal de tête** — *headache*
- **menton** — *chin*
- **nez** — *nose*
- **œil** — *eye*
- **oreille** — *ear*
- **ride** — *wrinkle*
- **taches de rousseur** — *freckles*
- **visage** — *face*

Le corps humain

■ Les membres
Limbs

- **bras** — *arm*
- **cheville** — *ankle*
- **coude** — *elbow*
- **genou** — *knee*
- **hanche** — *hip*
- **jambe** — *leg*
- **ongle de pied** — *toenail*
- **orteil** — *toe*
- **poignet** — *wrist*

Un membre

Deux mots pour parler d'un membre : *limb* si on parle du corps humain, *member* si on parle d'une personne faisant partie d'une organisation.
- *He is a member of the team.*
  Il est membre de l'équipe.

■ Les mains
Hands

- **articulation** — *knuckle*
- **doigt** — *finger*

Le corps

- **index** — *forefinger*
- **majeur** — *middle finger*
- **ongle** — *nail*
- **paume** — *palm*
- **poignet** — *wrist*
- **poing** — *fist*
- **pouce** — *thumb*

Croisons les doigts

- *Keep your fingers crossed. It will give you good luck.*
  Croise les doigts. Cela te portera chance.
- *Great! You keep everything under your thumb.*
  Super ! Tu as toutes les cartes en mains.

■ Les cheveux et les poils
Hair and hairs

- **auburn** — *auburn*
- **barbe** — *beard*
- **blond** — *blond*
- **bouclés** — *curly*
- **boucles (anglaises)** — *bangs*
- **brun** — *brown*

Le corps humain

• **chauve**	*bald*
• **cils**	*eyelashes*
• **couettes**	*pigtails*
• **crépu**	*kinky*
• **favoris**	*sideburns*
• **gris**	*gray*
• **moustache**	*mustache*
• **noir**	*black*
• **ondulés**	*wavy*
• **permanente**	*perm*
• **queue-de-cheval**	*ponytail*
• **raides**	*straight*
• **roux**	*red*
• **sourcil**	*eyebrow*

Cheveux ou poils ?

On utilise le même mot, mais quand on parle des cheveux, on ne met pas de -s. *Hair* équivaut au mot français « chevelure ».

- *She's got long, dark hair.*

  Elle a de longs cheveux foncés.

Si on veut parler des poils, on emploie *hairs*.

■ Les organes internes
Internal organs

• **appendice**	*appendix*
• **cerveau**	*brain*
• **chair**	*flesh*
• **cœur**	*heart*
• **estomac**	*stomach*
• **foie**	*liver*
• **intestin**	*intestine*
• **muscle**	*muscle*
• **poumon**	*lung*
• **rein**	*kidney*
• **saigner**	*bleed*
• **sang**	*blood*
• **vésicule biliaire**	*gall bladder*
• **vessie**	*bladder*

Quelle cervelle ?

Le mot *brain*, au singulier, fait référence à l'organe, mais pour parler de l'intelligence, on l'utilise plutôt au pluriel. (Comme les lunettes, le pantalon ou le short, le cerveau est composé de deux parties !)

- *She's got brains!*
  C'est une pointure !

Les soins corporels
Body care

• brosse	*brush*
• brosse à dents	*toothbrush*
• dentifrice	*toothpaste*
• lait démaquillant	*cleansing milk*
• maquillage	*makeup*
• miroir	*mirror*
• ombre à paupières	*eye shadow*
• peigne	*comb*
• pince à épiler	*tweezers*
• rouge à lèvres	*lipstick*
• savon	*soap*
• shampooing	*shampoo*

Se maquiller

Elle est maquillée.
She is wearing makeup.
Je me suis maquillée ce matin.
I made up my face this morning.

La santé
Health

■ Les petits bobos
Minor ailments

- **J'ai mal à la gorge.**
  I have a sore throat.

- **J'ai mal au dos.**
  I have a backache.

- **J'ai mal à la tête.**
  I have a headache.

- **J'ai mal aux dents.**
  I have a toothache.

- **J'ai mal à l'estomac.**
  I have a stomach ache.

- **J'ai mal aux pieds.**
  My feet hurt.

■ Prendre rendez-vous chez le médecin
Making an appointment with a doctor

- **Je voudrais prendre rendez-vous, s'il vous plaît.**
  I'd like to make an appointment, please.

- **J'ai besoin d'un médecin.**
  I need a doctor.

- **Pourrais-je venir cet après-midi ?**
  Could I come this afternoon?

- **Je vais vérifier. Restez en ligne une minute.**
  I'll check, could you hold on a minute?

- **Oui. Est-ce que 15 heures vous irait ?**
  Yes. How about 3 o'clock?

Chez le docteur
At the doctor's

• **assurance maladie**	*health insurance*
• **cabinet médical**	*surgery*
• **consulter un médecin**	*consult a doctor*
• **douleur**	*pain*
• **effets secondaires**	*side effects*
• **faire mal**	*hurt*
• **médecin généraliste**	*general practitioner / GP*
• **ordonnance**	*prescription*
• **patient, malade**	*patient*
• **prendre la température**	*take your temperature*
• **salle d'attente**	*waiting room*

Parler au médecin
Talking to the doctor

■ Qu'est-ce qui ne va pas ?
What's wrong with you? / What's the matter?

- **Je ne me sens pas bien.**
  I don't feel well.

- **Ça fait mal.**
  It hurts.

- **J'ai le nez bouché.**
  My nose is stuffed up.

- **J'ai de la fièvre.**
  I have a fever.

- **J'ai des nausées.**
  I feel nauseous.

- **Je suis allergique aux cacahuètes.**
  I am allergic to peanuts.

- **Vous avez de la tension.**
  You have high blood pressure.

- **Votre pouls est faible.**
  Your pulse is weak.

- **Je n'en peux plus. J'ai trop mal.**
  I can't bear it anymore. The pain is too much.

Les maladies
Illnesses

• **cancer**	*cancer*
• **conjonctivite**	*eye infection*
• **coup de soleil**	*sunburn*
• **coupure**	*cut*
• **diarrhée**	*diarrhea*
• **douleur**	*pain*
• **douloureux**	*painful*
• **être malade**	*be ill, be sick*
• **fièvre**	*fever*
• **grippe**	*flu*
• **hoquet**	*hiccups*
• **insomnie**	*insomnia*
• **malaria**	*malaria*
• **rhume (attraper un)**	*cold (catch a)*
• **rougeole**	*measles*
• **sida**	*AIDS*
• **tousser**	*cough*
• **vomir**	*vomit*

Deux mots pour la maladie

Illness s'applique à n'importe quelle maladie, tandis que *disease* fait plutôt référence à une maladie contagieuse.

Deux mots pour « être malade »

Be ill s'emploie pour toute espèce de maladie. *Be sick* fait plutôt référence à des maux d'estomac.

L'adjectif *ill*, dans le sens de malade, ne s'emploie jamais comme épithète :
Il est malade.
He is ill / sick.
Un enfant malade.
A sick child.

Quel article devant quelle maladie ?

Il n'y a pas de règle logique. Il faut savoir qu'on met parfois *a/an* devant certains noms de maladie, parfois *the*, et parfois pas d'article du tout :

- *A /an* : cold – cough – cut – eye infection – fever – headache – stomachache – sore throat – toothache – sunburn ;
- *The* : flu – hiccups – measles ;
- Ø : AIDS – cancer – diarrhea – insomnia – malaria.

À l'hôpital
At the hospital

- **accident** — *accident*
- **blesser, blessure** — *wound*
- **blessure** — *injury*
- **bloc opératoire** — *operating theater*
- **chirurgie** — *surgery*
- **chirurgien** — *surgeon*
- **cicatrice** — *scar*
- **contusion** — *bruise*
- **crise cardiaque** — *heart attack*
- **infirmière** — *nurse*
- **opérer** — *operate on*
- **plâtre** — *plaster*
- **sage-femme** — *midwife*
- **urgence** — *emergency*

Attention au faux ami !

Le verbe *injure* signifie « blesser » et non « injurier », que l'on traduit par *abuse*, *insult* ou *call names*.

> ### Deux mots pour « blesser »
>
> - Injure s'emploie plutôt pour une blessure due à un accident ou une chute :
>   *Two people were injured in this accident.*
>   Il y a eu deux blessés dans cet accident.
>
> - Wound s'utilise plutôt pour une blessure causée par une arme :
>   *He was severely wounded in Irak.*
>   Il a été gravement blessé en Irak.

■ En cas d'urgence
In case of emergency

- **Elle a été opérée.**
  She had surgery. / She was operated on.

- **Pouvez-vous appeler une ambulance ?**
  Can you call an ambulance?

- **C'est une crise cardiaque.**
  It is a heart attack.

- **A-t-il besoin de RCP (réanimation cardio-pulmonaire) ?**
  Does he need CPR?

- **Il est gravement blessé.**
  He is badly injured.

Le numéro d'urgence

En Grande-Bretagne, faites le 999. Vous serez en contact avec une personne qui vous orientera vers le service d'urgence correspondant à votre situation : un hôpital, les pompiers, un commissariat de police, les sauveteurs en mer ou en montagne, etc.

Aux États-Unis, composez le 911. Les appels sont gratuits.

Les remèdes
Remedies

- **antalgique** — *painkiller*
- **aspirine** — *aspirin*
- **bandage** — *bandage*
- **bien manger** — *eat right*
- **calmant** — *tranquilizer*
- **comprimé** — *tablet*
- **être en forme** — *be fit*
- **guérir** — *cure, heal*
- **médicament** — *medicine, drug*
- **pastilles pour la gorge** — *cough drops*
- **pilule** — *pill*
- **piqûre (faire une)** — *injection (give an)*
- **pommade (mettre de la)** — *ointment (put on some)*
- **régime (se mettre au)** — *diet (go on a)*

• **repos (prendre du)**	*rest (get plenty of)*
• **sain**	*healthy*
• **somnifère**	*sleeping pill*
• **traitement**	*treatment*

> **Une cure**
>
> Le mot *cure* signifie « guérir » ou « guérison ».
> On parlera d'une « cure de sommeil » en disant *sleep therapy*.
> Quant à nos cures thermales, les Américains n'y croient pas beaucoup. Les *spa treatments* sont des moments de confort, sans connotation médicale.

Aller mieux
Feeling better

- **Je suis complètement guéri.**
  I have completely recovered

- **Cette pommade a guéri ma blessure.**
  This cream has healed my wound.

Chez le dentiste
At the dentist's

• **amalgame**	*filling*
• **appareil dentaire**	*braces*
• **brosser les dents (se)**	*brush your teeth*

LE CORPS HUMAIN

- **contrôle dentaire** — *dental checkup*
- **dent** — *tooth*
- **dent de sagesse** — *wisdom teeth*
- **dentifrice** — *toothpaste*
- **détartrer** — *remove tartar buildup*
- **extraire, arracher** — *pull out*
- **fil dentaire** — *dental floss*
- **radio** — *x-ray*
- **rendez-vous chez le dentiste** — *dental appointment*
- **soigner une carie** — *fill a cavity*
- **salle d'attente** — *waiting room*

Une dent, des dents !

Attention au pluriel irrégulier :
one tooth, two teeth.

PARTIE III
Se nourrir

Les aliments
Au restaurant

Les aliments
Food

■ Manger
Eating

• **appétit (avoir de l')**	*appetite (have an)*
• **avaler**	*swallow*
• **boire**	*drink*
• **bouchée**	*bite*
• **copieux (repas)**	*big (meal)*
• **faim (avoir)**	*hungry (be)*
• **goûter**	*taste*
• **mâcher**	*chew*
• **manger des sandwichs**	*lunch off sandwiches*
• **mordre**	*bite*
• **mourir de faim**	*starve*
• **nourrir**	*feed*
• **rassasié (être)**	*full up (be)*
• **régime**	*diet*
• **servir**	*serve*
• **soif (avoir)**	*thirsty (be)*

J'ai faim ! J'ai soif !

Attention, en anglais, on utilise le verbe *be* (être) et non le verbe *have* (avoir) pour parler de la faim ou de la soif.

J'ai faim. *I am hungry.*

Il a soif. *He is thirsty.*

Et si, vraiment, on a très très faim ?

We're starving. On meurt de faim.

Au régime

Attention, on ne traduit pas l'expression « être au régime » de façon littérale.

Je suis au régime. *I am on a diet.*

Il s'est mis au régime. *He went on a diet.*

■ Cuisiner
Cooking

- **battre** — *whip*
- **beurrer** — *butter*
- **congeler** — *freeze*
- **émincer** — *chop*
- **cuisiner / cuisinière** — *cook*
- **couper en tranches** — *slice*
- **faire bouillir** — *boil*
- **faire cuire au four** — *bake*
- **faire frire** — *fry*

Les aliments

- **griller** — *grill*
- **livre de cuisine** — *cookery book*
- **parfum** — *flavour*
- **peler, éplucher** — *peel*
- **plat** — *dish*
- **recette** — *recipe*
- **retourner** — *turn*
- **rôtir** — *roast*
- **saler, sel** — *salt*
- **surgeler** — *deep-freeze*
- **tremper** — *steep*

À table !

Mettre la table	*Set / lay the table*
À table !	*Dinner's ready! / Lunch is ready!*
Bon appétit !	*Enjoy (your meal)!*
Sortir de table	*Leave the table*
Desservir la table	*Clear the table*
Santé !	*Cheers!*

> ### De la viande bouillie ?
>
> L'Angleterre souffre injustement d'une réputation de pays où l'on mange mal. Les Anglais, croit-on, se nourriraient de viande bouillie accompagnée de petits pois sucrés.
>
> La réalité est heureusement bien différente, comme en témoignent les plats traditionnels anglais :
> - le *roast beef* (bœuf rôti – très cuit) ;
> - le *steak and kidney pie* (tourte aux rognons) ;
> - le *shepherd's pie* (ragoût de bœuf haché aux légumes, pas très loin du gratin dauphinois) ;
> - le *roast lamb and mint sauce* (gigot d'agneau à la sauce à la menthe), etc.

Les repas
Meals

- **apéritif** — *drink*
- **amuse-gueule** — *appetizer*
- **cochonneries** — *junk food*
- **boîte de conserves** — *tin* (UK), *can* (US)
- **déjeuner** — *lunch*
- **dessert** — *pudding, dessert*
- **dîner** — *dinner*
- **douceur** — *treat*
- **emporter (plats à)** — *take away (food)*

LES ALIMENTS

- **en-cas** — *snack*
- **entrée** — *starter*
- **fromage** — *cheese*
- **petit déjeuner** — *breakfast*
- **plat principal** — *main course*
- **repas complet** — *three-course meal*
- **restauration rapide** — *fast food*
- **restes** — *leftovers*
- **surgelé** — *frozen*

L'apéritif

Prendre l'apéritif avant un repas est une tradition bien française à laquelle s'habituent progressivement les Anglais, qui n'ont cependant pas encore trouvé de mot approprié.

Rien ne vous empêche de leur proposer :

Can I get you an apéritif / a drink? • ils ne refuseront probablement pas !

Les heures des repas

À chaque pays sa tradition.

En Angleterre, le petit déjeuner (*breakfast*) est copieux, mais le repas de midi (*lunch*) est souvent réduit à un sandwich ou à un panier repas (*pack lunch*). Vers 17 h 30, les familles se réunissent pour *tea time*, autour d'un repas plus consistant.

Aux États-Unis, le repas principal se tient plutôt en fin d'après-midi (*dinner*). Personne ne rentre à la maison pour le déjeuner.

Le goût
Taste

- **aigre** — *sour*
- **amer** — *bitter*
- **bon, goûteux** — *tasty*
- **doux** — *sweet*
- **dur** — *tough*
- **épicé (fortement)** — *hot*
- **épicé, relevé** — *spicy*
- **fade** — *tasteless*
- **léger** — *light*
- **piquant** — *pungent*
- **riche** — *rich*
- **sec** — *dry*
- **sucré** — *sweet*
- **tendre** — *tender*

It's hot! (C'est très épicé !)

L'Inde et le Pakistan ayant été des colonies anglaises pendant un siècle (jusqu'en 1947), il n'est pas étonnant que les goûts britanniques aient largement adopté les épices.

Ainsi, un des plats préférés des Britanniques est le *chicken tikka massala* servi dans les nombreux restaurants pakistanais.

La viande
Meat

• à point	*medium*
• agneau	*lamb*
• bacon	*bacon*
• bien cuit	*well done*
• bœuf	*beef*
• côtelette	*chop*
• cru	*raw*
• dinde	*turkey*
• jambon	*ham*
• oie	*goose*
• porc	*pork*
• poulet	*chicken*
• ragoût	*stew*
• rôti	*joint, roast*
• saignant	*rare, underdone*
• saucisse	*sausage*
• steak	*steak*
• tranche	*slice*
• tranche (de)	*slice (of)*
• trop cuit	*overdone*
• veau	*veal*

Du ragoût irlandais

L'*irish stew*, ragoût traditionnel très populaire en Irlande, est essentiellement composé de mouton cuit très longtemps à feu doux pour être tendre.

De la panse de brebis farcie

Le *haggis* est un plat traditionnel écossais dans lequel on trouve des abats de mouton (*sheep offals*), de l'oignon (*onion*), de l'avoine (*oats*), du saindoux (*lard*), des épices (*spices*) et du sel (*salt*). Traditionnellement, cette préparation est enfermée dans de la panse de mouton et cuite pendant plusieurs heures – ainsi, le *haggis* ressemble à une sorte de ballon.

C'est cuit...

C'est cuit ! (on peut servir). *Dinner's ready!*
On est cuits ! (on va se faire prendre) *We're done for!*
C'est du tout cuit. *It's a piece of cake.*
Ce n'est pas du tout cuit. *It's not all cut and dried.*

De la dinde pour *Thanksgiving*

La dinde (*turkey*) est le plat traditionnel de la fête de *Thanksgiving* aux États-Unis. Elle est souvent accompagnée de courge (*squash*), de citrouille (*pumpkin*) et de légumes variés.

Les poissons et fruits de mer
Fish and sea food

- **coquille Saint-Jacques** — *scallop*
- **crevette** — *shrimp*
- **crustacé** — *shellfish*
- **hareng** — *herring*
- **homard** — *lobster*
- **maquereau** — *mackerel*
- **morue, cabillaud** — *cod*
- **moule** — *mussel*
- **saumon** — *salmon*
- **truite** — *trout*

Fish and chips

Traditionnellement servi dans un emballage de papier journal avec du sel et du vinaigre de malt, et mangé avec les doigts, ce plat typiquement britannique se trouve dans tous les bars et restaurants de Grande-Bretagne.

Un jeu de mots

Voici un *tongue twister* – qu'on appelle en français « virelangue » !)… à répéter sans modération :

- *She sells seashells by the sea shore.*
  Elle vend des coquillages sur la plage.

Les œufs
Eggs

• **œufs à la coque**	*boiled eggs*
• **œufs sur le plat**	*fried eggs*
• **œufs durs**	*hard-boiled eggs*
• **œufs brouillés**	*scrambled eggs*
• **œufs (battus) en neige**	*stiffly beaten eggs whites*
• **œufs pochés**	*poached eggs*
• **omelette**	*omelet*

Quelques expressions

Marcher sur des œufs.	*Be walking on eggs.*
Plein comme un œuf.	*Full to bursting.*
Va te faire cuire un œuf !	*Go and take a running jump!*

Les légumes
Vegetables

• **à l'eau**	*boiled*
• **asperge**	*asparagus*
• **carotte**	*carrots*
• **céleri**	*celery*
• **chou-fleur**	*cauliflower*

LES ALIMENTS

- **concombre** — *cucumbers*
- **épinards** — *spinach*
- **frites** — *chips*
- **haricots** — *beans*
- **laitue** — *lettuce*
- **petits pois** — *green peas*
- **poireau** — *leek*
- **pomme de terre** — *potato*
- **purée** — *mashed potatoes*
- **radis** — *radish*
- **salade** — *salad*
- **tomate** — *tomato*

Le poireau

C'est le symbole du pays de Galles, où la tradition est de le porter le 1er mars, afin d'honorer saint David, patron de ce pays. D'aucuns soutiennent que le symbole originel serait en fait un bouquet de plumes d'autruche, interprété comme un poireau, objet plus familier.

Les petits pois fluo

Les Français sont souvent surpris de la taille et surtout de la couleur des petits pois anglais (*green peas*). Une tradition voudrait que celle-ci soit due à une pièce en cuivre de 1 penny ajoutée à la cuisson et qui, en s'oxydant, donnerait au féculent cette couleur particulière. Il s'agit en fait tout simplement d'une variété de pois particulière.

■ Les fruits
Fruit

- **abricot** — *apricot*
- **ananas** — *pineapple*
- **avocat** — *avocado*
- **banane** — *banana*
- **cerise** — *cherry*
- **citron** — *lemon*
- **framboise** — *raspberry*
- **fraise** — *strawberry*
- **mûre** — *blackberry*
- **orange** — *orange*
- **pamplemousse** — *grapefruit*
- **pêche** — *peach*
- **poire** — *pear*
- **pomme** — *apple*
- **prune** — *plum*
- **pruneau** — *dried prune*
- **raisin** — *grape*

Quelques expressions fruitées

Avoir la pêche.	*Be feeling great.*
Un chapeau melon.	*Bowler hat.*
Couper la poire en deux.	*To split the difference.*
La cerise sur le gâteau.	*The icing on the cake.*
Une banane (coiffure).	*Quiff.*
Tomber dans les pommes.	*Faint.*

Boulangerie et pâtisserie
Bakery

- **beignets** — *doughnut*
- **biscuits** — *cookie*
- **crêpe** — *pancake*
- **farine** — *flour*
- **levure** — *yeast*
- **miche de pain** — *loaf*
- **muffin** — *muffin*
- **pain** — *bread*
- **pain de mie** — *sliced bread*
- **pâte** — *dough*
- **pâtes** — *pasta*
- **petit pain** — *roll*

- **quiche**   *quiche*
- **toast**   *toast*
- **tourte**   *pie* (GB), *tart* (US)

Du pain !

Si vous allez au rayon boulangerie d'un supermarché en Angleterre, ne vous attendez pas à trouver l'équivalent d'une bonne baguette ou d'un bâtard croustillant…

Au mieux, vous trouverez des *rolls*, des petits pains ronds. Mais, la plupart du temps, les Anglais préféreront un pain qui ressemble à notre pain de mie, blanc ou noir, dont ils se servent pour faire les *toasts*.

Le pudding

Le mot *pudding* est souvent utilisé comme terme générique pour tout ce qui ressemble à un gâteau, mais parfois aussi pour des mets qui s'apparentent au boudin.

À ne pas confondre avec le célèbre *Christmas pudding*, préparé plusieurs semaines avant Noël, souvent fait avec de la graisse de rognon. C'est un mélange foncé, très riche, cuit à la vapeur, dans lequel on trouve des fruits secs et des noix.

■ Les petits plaisirs
Treats

- **barre chocolatée**   *chocolate bar*
- **bonbon**   *sweet*
- **caramel**   *toffee*

Les aliments

• **chocolat**	*chocolate*
• **confiture**	*jam*
• **confiture d'orange**	*marmalade*
• **guimauve**	*marshmallow*
• **miel**	*honey*

Un petit creux ?

Les Anglo-Saxons sont très friands de *snacks*, douceurs qu'ils grignotent à n'importe quelle heure de la journée. On trouve des bonbons, des chips ou des barres chocolatées à peu près dans tous les magasins.

Le bonbon anglais

Sa réputation n'est plus à faire. Le bonbon anglais renvoie aussi bien aux couleurs acidulées qu'aux sucreries au goût chimique si particulier dont raffolent les petits comme les grands.

■ Les boissons
Drinks

• **bière blonde**	*lager*
• **boisson**	*drink*
• **boisson gazeuse**	*soda*
• **boisson non alcoolisée**	*soft drink*
• **chocolat chaud**	*hot chocolate*
• **cidre**	*cider*

- **café** — *coffee*
- **eau** — *water*
- **être ivre** — *be drunk*
- **gueule de bois** — *hangover*
- **jus d'orange** — *orange juice*
- **jus de fruit** — *fruit juice*
- **limonade** — *lemonade*
- **panaché** — *shandy*
- **pétillant** — *sparkling*
- **thé** — *tea*
- **vin** — *wine*

Le café

Ne pas confondre *coffee*, la boisson, et *cafe*, le lieu qui s'enorgueillit souvent d'une *French touch*, dans lequel vous pourrez le déguster.

Le thé

C'est la boisson nationale de l'Angleterre, où il est bu à n'importe quel moment du jour et de la nuit !

Sa consommation se généralise en Angleterre à partir de 1660, sous l'influence de l'épouse du roi Charles II, Catherine de Bragance, qui préfère le thé à l'alcool. L'ensemble de la noblesse commence alors à boire du thé afin de flatter la reine.

> ### Whiskey, whisky, blend, single malt, bourbon ?
> Difficile de s'y retrouver, avec toutes ces appellations ! Elles renvoient pourtant bien à des produits différents.
> Le *whisky* (ou *scotch*) est produit en Écosse. Il peut être pur malt (*single malt*), composé à partir d'orge malté. Si on y ajoute d'autres grains, il prend alors le nom de *blend*. Le *whiskey* est produit en Irlande, et le *bourbon* aux États-Unis.

Les laitages
Dairy products

- **beurre** — *butter*
- **crème** — *cream*
- **flan** — *custard*
- **fromage** — *cheese*
- **fromage blanc** — *fresh cheese*
- **fromage maigre** — *low-fat cheese*
- **fromage râpé** — *grated cheese*
- **gelée** — *jelly*
- **lait** — *milk*
- **yaourt** — *yoghourt*

L'heure du laitier

Tous les matins, le *milkman*, le laitier, vient déposer sur le seuil des maisons britanniques des bouteilles de lait frais, juste à temps pour le petit déjeuner. Mais cette profession tend à disparaître, remplacée par les supermarchés.

L'assaisonnement
Seasoning

- **ail** — *garlic*
- **assaisonnement de salade** — *(salad) dressing*
- **ciboulette** — *chives*
- **condiments au vinaigre** — *pickles*
- **cornichon** — *gherkin*
- **crème** — *cream*
- **épicé** — *spicy*
- **farine** — *flour*
- **fromage** — *cheese*
- **huile** — *oil*
- **lait** — *milk*
- **mayonnaise** — *mayonnaise*
- **moutarde** — *mustard*
- **oignon** — *onion*
- **persil** — *parsley*

LES ALIMENTS

- **poivre** *pepper*
- **sel** *salt*
- **sucre** *sugar*
- **vinaigre** *vinegar*

La vinaigrette

Ne vous attendez pas, dans les pays anglo-saxons, à manger votre salade accompagnée d'une vinaigrette. La salade se mange avec *a salad dressing*, un condiment jaune et crémeux fabriqué à base d'huile (*oil*), de jaune d'œuf (*egg yolk*) et de vinaigre (*vinegar*).

Périmé

Il n'y a pas véritablement de mot pour dire d'un aliment qu'il est périmé. On dira : *It has passed its use-by date*.

Au restaurant
At the restaurant

■ Arriver au restaurant
Arriving at the restaurant

- **Avez-vous réservé ?**
  Do you have a reservation?

- **C'est pour combien de personnes ?**
  How many people?

- **J'ai réservé une table pour six au nom de Martin.**
  We have reserved a table for six. The name is Martin.

- **Pour quatre personnes ?**
  A party of four?

- **Désolé, mais nous sommes complets.**
  Sorry, but we are full.

- **Il y a un quart d'heure d'attente.**
  There's a fifteen-minute wait.

- **Bonjour, je suis Kate. C'est moi qui m'occuperai de vous ce soir.**
  Hi, my name's Kate. I'll be your waiter this evening.

- **Voulez-vous commencer par un apéritif ?**
  Would you like to order something to drink first?

- **Puis-je vous apporter quelque chose à boire ?**
  Can I get you something to drink?

- **Voici le menu.**
  Here's the menu.

- **Je suis à vous dans quelques minutes.**
  I'll be with you in a few minutes.

Passer une commande
Ordering

- **Puis-je prendre votre commande ?**
  May I take your order?

- **Vous êtes prêts à passer votre commande ?**
  Are you ready to order?

- **Quel est le plat du jour ?**
  What's today's special?

- **Quel est le potage du jour ?**
  What's the soup of the day?

- **Que nous recommandez-vous ?**
  What do you recommend?

- **Y a-t-il des frites avec le steak ?**
  Does the steak come with French fries?

- **Nous prendrons le menu à 25 euros.**
  We'll take the €25 set menu.

- **En entrée, je voudrais une salade de tomates.**
  To start, I would like a tomato salad.

- **En plat principal, je voudrais un bifteck.**
  For the main course, I would like a steak.

- **Comme dessert, je prendrai une tarte aux pommes.**
  For dessert, I'll have apple tart.

- **Préférez-vous des frites ou du riz avec cela ?**
  Would you like chips or rice with that?

- **Quel assaisonnement pour votre salade ?**
  What kind of dressing for your salad?

- **Quels parfums avez-vous ?**
  What flavours do you have?

- **Puis-je avoir une bouteille d'eau, s'il vous plaît ?**
  May I have a bottle of water, please?

- **Désirez-vous autre chose ?**
  Would you care for anything else?

Manger au pub

En Grande-Bretagne, il est courant de se restaurer dans les pubs. Attention, cependant ! Dans de nombreux endroits, vous devrez directement passer votre commande au bar.

Satisfait ou pas ?
Satisfied or not?

- **Ça a l'air délicieux.**
  It looks delicious.

- **Ça sent bon.**
  The food smells good.

- **Ça embaume ici !**
  It smells like heaven here!

- **Ce curry est très bon.**
  The curry is really tasty.

- **Hmmm, c'est bon !**
  Huumm, it's yummy!

- **Le steak a l'air trop cuit.**
  The steak looks over-cooked.

- **La viande est dure et sèche.**
  The meat is tough and dry.

- **La soupe est un peu trop salée.**
  The soup is a bit too salty.

- **Ce plat est un peu fade.**
  This dish is a bit bland.

- **C'est infect.**
  It is really disgusting.

Un steak bien cuit !

Il faut savoir répondre à cette question que l'on vous posera partout :
Comment désirez-vous votre steak ?
How would you like your steak?

à point	*medium*
bien cuit	*well-done*
bouilli	*boiled*
grillé	*grilled*
saignant	*rare*

■ Se plaindre
Complaining

- **Quand notre table sera-t-elle prête ?**
  When will our table be ready?

- **Cela fait plus d'une demi-heure que nous attendons.**
  We've been waiting for over thirty minutes.

- **J'ai demandé un verre d'eau il y a un moment déjà.**
  I asked for a glass of water quite a while ago.

- **Je veux parler au directeur.**
  I'd like to speak with your manager.

- **La soupe est froide.**
  Excuse me, this soup is cold.

- **C'est trop cuit.**
  This meat is over-cooked.

Se nourrir

- **La glace a un drôle de goût.**
  This ice cream tastes funny.

- **Le steak est saignant. J'avais demandé bien cuit.**
  This steak is rare. I want it well-done.

- **Je n'ai pas commandé ça.**
  I didn't order this.

■ Régler l'addition
Paying the bill

- **J'ai fini.**
  I'm finished.

- **L'addition, s'il vous plaît !**
  The bill, please!

- **Votre repas vous a-t-il plu ?**
  Did you enjoy your meal?

- **Le service est-il compris ?**
  Is service included?

- **Le café est offert par la maison.**
  Coffee is on the house.

- **Le serveur était très serviable.**
  The waiter was very helpful.

- **Il y a un problème avec l'addition.**
  There's something wrong with our bill.

> **Service non compris**
>
> *Service not included*
>
> En Grande-Bretagne comme aux États-Unis, le service n'est généralement pas inclus dans l'addition. Il est de tradition d'ajouter environ 15 % à la note pour le service.

■ Au café
At the cafe

- **Qu'est-ce que vous voulez boire ?**
  What would you like to drink?

- **Garçon !**
  Waiter!

- **Un café, s'il vous plaît.**
  A coffee, please.

- **Vous voulez commander quelque chose à manger ?**
  Would you like to order something to eat?

- **Qu'est-ce que vous avez comme sandwiches ?**
  What types of sandwiches do you have?

- **Servez-vous des boissons alcoolisées ?**
  Do you serve alcohol?

- **Les enfants ne sont pas admis dans le pub.**
  Children are not allowed in the pub.

Cafe ou *coffee* ?

Ne confondez pas la boisson, *coffee*, et le lieu où vous pouvez le boire, *cafe*.

Cafe, pub ou *bar* ?

La différence n'est pas si simple…

- En règle générale, un ***bar*** vend de l'alcool, et les enfants n'y sont pas admis.
- Dans les ***pubs*** (l'abréviation de *public house*), en principe, les enfants ne sont pas admis. Sauf s'il y a une pièce réservée aux familles accompagnées d'enfants (*family room*). Il est très souvent possible de manger dans les pubs – une nourriture généralement simple mais de bonne qualité et pas très chère.
- Quant aux ***cafes***, ils ne servent que des boissons non alcoolisées.

Partie IV
S'habiller

Les vêtements
Acheter des vêtements
La couture

Les vêtements
Clothes

■ Le prêt-à-porter
Ready-made clothes

• bleu de travail	*overalls*
• blouson	*jacket*
• chemise	*shirt*
• chemisier	*blouse*
• costume	*suit*
• gilet	*cardigan*
• imperméable	*raincoat*
• jeans	*jeans*
• jupe	*skirt*
• manteau	*coat*
• pantalon	*trousers* (UK), *pants* (US)
• pardessus	*overcoat*
• pull-over	*pullover*
• robe	*dress*
• salopette	*dungarees*
• smoking	*tuxedo*
• sweater	*sweater, jumper*
• taille basse	*hipsters*

- **tailleur** — *suit*
- **veste** — *jacket*
- **vêtement** — *garment*

Le kilt

Le kilt est certainement, avec le chapeau melon, le vêtement britannique le plus célèbre. C'est une jupe de laine traditionnelle écossaise courte et plissée, fabriquée en tartan, portée aussi bien par les femmes que par les hommes. Selon la légende, les Écossais ne porteraient rien sous leur kilt, mais cela reste encore à vérifier…

■ Les sous-vêtements
Underwear

- **bas** — *stocking*
- **boxer, caleçon** — *boxer shorts*
- **chaussette** — *sock*
- **chemise de nuit** — *nightdress, nightie*
- **collant** — *tights*
- **combinaison** — *slip*
- **culotte (femme)** — *knickers* (UK), *panties* (US)
- **jupon** — *petticoat*
- **maillot de corps** — *vest* (UK), *undershirt* (US)
- **pyjama** — *pyjamas* (UK), *pajamas* (US)

• **robe de chambre**	*dressing gown*
• **slip (homme)**	*underpants*
• **socquette**	*ankle-sock*
• **soutien-gorge**	*bra*
• **string**	*thongs*

Singulier ou pluriel ?

En anglais, les vêtements composés de deux parties (les deux jambes d'un pantalon, d'un collant, etc.) sont toujours évoqués au pluriel : *trousers*, *pants* (pantalon), *tights* (collant), *pyjamas* (pyjama), *shorts* (short), *panties* (culotte)…

■ S'habiller
Getting dressed

- **Va t'habiller.**
  Go and get dressed.

- **Je vais me déshabiller.**
  I'm going to undress / get undressed.

- **Je me suis changée ; j'ai mis des vêtements plus confortables.**
  I changed out of my clothes into more comfortable ones.

- **Elle est habillée en noir.**
  She is dressed in black.

- **Il porte un manteau vert.**
  He is wearing a green coat.

> **NE PAS CONFONDRE !**
>
> - *Wearing a coat* signifie « porter un vêtement sur soi », et *holding a coat* signifie « porter un manteau sous le bras ».
> - *Getting dressed* indique simplement que vous enfilez un vêtement, et *dressing up* veut dire que vous avez fait des efforts vestimentaires.

Acheter des vêtements
Buying Clothes

■ Dans un magasin de vêtements
In a clothes shop

- **Est-ce que je peux l'essayer, s'il vous plaît ?**
  Can I try it on, please?

- **Y a-t-il un endroit où je pourrais essayer ?**
  Is there somewhere I can try this on?

- **Les cabines d'essayage sont par là.**
  The changing rooms are over there.

- **J'ai exactement ce qu'il vous faut.**
  I've got exactly what you're looking for.

- **Est-ce que ceci est en solde ?**
  Is this reduced?

- **Je suis désolée, cet article est épuisé.**
  I'm sorry, this item is out of stock.

- **Faites-vous les retouches ?**
  Do you do alterations?

- **Cette jupe a besoin d'être élargie.**
  This skirt needs letting out.

■ Dans la cabine d'essayage
In the fitting room

- **Ça vous va bien.**
  This really fits you / suits you really well.

- **C'est assorti à la couleur de vos yeux.**
  It matches the colour of your eyes.

- **Ce chemisier vous va à ravir !**
  That shirt looks really nice on you!

- **Cette robe vous met vraiment en valeur.**
  That dress really flatters your figure.

- **Vous êtes vraiment très élégant dans ce costume, monsieur !**
  You look really smart in this suit, sir!

- **Ça ne me va pas.**
  It doesn't fit me.

- **C'est trop long / court.**
  It's too long / short.

- **C'est trop serré / large.**
  It's too tight / loose.

- **Je ne l'ai pas essayé.**
  I haven't tried it on.

Choisir la bonne taille
Choosing the right size

Les tailles de vêtements (femmes)		
France *France*	Royaume-Uni *United Kingdom*	États-Unis *United States*
34	6	4
36	8	6
38	10	8
40	12	10
42	14	12
44	16	14
46	18	16

À la vendeuse
To the salesperson

- **Quelles tailles avez-vous ?**
  What sizes do you have?

- **Je fais du 38.**
  My dress size is 10.

- **Auriez-vous ceci en plus grand / en plus petit ?**
  Do you have this in a larger / smaller size?

- **Est-ce que vous avez cette jupe en bleu ?**
  Do you have this skirt in blue?

- **Ce soutien-gorge est trop petit / trop grand.**
  This bra is too small / too large.

▪ Les styles
Styles

• **à la mode**	*fashionable, trendy*
• **bon goût (de)**	*tasteful*
• **code vestimentaire**	*dress code*
• **criard**	*gaudy*
• **décolleté**	*low-cut*
• **décontracté**	*casual, informal*
• **défilés de mode**	*fashion shows*
• **démodé**	*old fashioned, out of date*
• **élégant**	*smart*
• **habillé**	*formal*
• **négligé**	*sloppy*
• **prêt-à-porter**	*ready-to-wear*
• **robe de soirée**	*evening dress*
• **serré, près du corps**	*tight, close-fitting*
• **sur mesure**	*made-to-measure, tailor-made*
• **tendance**	*trendy*

Les chaussures
Footwear

- **baskets,** — *trainers*
- **bottes** — *boots*
- **bottes en caoutchouc** — *rubber boots*
- **bottines** — *half-boots*
- **chaussons** — *slippers*
- **chaussures de chantier** — *work boots*
- **chaussures de sport** — *training shoes*
- **cirer ses chaussures** — *shine one's shoes*
- **cordonnier** — *cobbler*
- **escarpins** — *court* (UK), *pump* (US) *shoes*
- **haut talon** — *high heel*
- **lacets** — *shoe lace / thongs*
- **mocassins** — *loafers*
- **paire de chaussures** — *pair of shoes*
- **pointure** — *size*
- **ressemeler** — *resole*
- **sabot** — *clogs*
- **sandales, nu-pieds** — *sandals*
- **semelle** — *sole*
- **talon** — *heel*
- **talon aiguille** — *stiletto*
- **tongue, savate** — *flip-flop*

> **NE PAS CONFONDRE !**
>
> Running shoes (les baskets) et a basket (un panier)…

Au magasin de chaussures
At the shoe shop

- **Ses chaussures sont devenues trop petites**
  He has grown out of his shoes.

- **Quelle pointure faites-vous ?**
  What is your shoe size?

- **Vous pouvez retirer vos chaussures.**
  You can take off your shoes.

- **Mets donc tes chaussons !**
  Put on your slippers!

La pointure
Shoe size

France *France*	Royaume-Uni *United Kingdom*	États-Unis *United States*
35	2½	5
36	3½	6
37½	4½	7
38½	5½	8
40	6½	9
42	7½	10
44	9½	12

> **USA et UK**
>
> En Angleterre ou aux États-Unis, la pointure (*size*) des chaussures se mesure avec un chiffre compris entre 0 et 12, valeur différente suivant que l'on parle de chaussures pour homme, pour femme ou pour enfant... Par exemple, un 39 femme équivaudra à une pointure 6 en Angleterre, (8 aux USA), mais à une pointure 6 ½ pour les hommes.

■ Les bijoux
Jewelry

• **alliance**	*wedding ring*
• **ambre**	*amber*
• **améthyste**	*amethyst*
• **argent**	*silver*
• **bague**	*ring*
• **bijou**	*jewel*
• **bijoutier**	*jewelry store*
• **boucle d'oreille**	*earring*
• **bouton de manchette**	*cufflinks*
• **bracelet**	*bracelet*
• **broche**	*broach*
• **collier**	*necklace*
• **couronne**	*crown*
• **diamant**	*diamond*

• **horloger**	*watchmaker*
• **montre**	*watch*
• **or**	*gold*
• **perle**	*pearl*
• **pierre précieuse**	*gemstone*
• **platine**	*platinum*
• **rubis**	*ruby*
• **saphir**	*sapphire*
• **topaze**	*topaz*

Les joyaux de la Couronne

La collection des joyaux de la Couronne britannique (*Crown jewels*) est considérée comme l'une des plus importantes et précieuses au monde. Elle est exposée sous bonne garde à la Tour de Londres (*Tower of London*) et réunit les différents attributs du pouvoir royal (couronnes, sceptres, épées, bagues, etc.) depuis la moitié du XVIIe siècle.

■ Les accessoires
Accessories

• **boucle de ceinture**	*buckle*
• **bretelles**	*braces, suspenders*
• **casquette**	*cap*
• **ceinture**	*belt*

Acheter des vêtements

- **chapeau** — *hat*
- **cravate** — *tie*
- **écharpe** — *scarf*
- **gant** — *glove*
- **mouchoir** — *handkerchief*
- **mouchoir en papier** — *tissue*
- **moufle(s)** — *mitt, mitten*
- **nœud papillon** — *bow-tie*
- **parapluie** — *umbrella*
- **portefeuille** — *wallet*
- **sac à main** — *handbag* (GB), *purse* (US)

Le chapeau melon

Symbole de respectabilité britannique s'il en est, le chapeau melon (*bowler hat*) a été conçu à l'origine pour les paysans et les serviteurs afin de remplacer les chapeaux mous qui ne résistaient pas à la vie rurale.

La confection
The clothing industry

- **La couture**
  Dressmaking
  - assembler — *stitch*
  - boutonner — *button*
  - broder — *embroider*
  - broderie — *embroidery*
  - coudre — *sew*
  - couture — *seam*
  - couturière — *dress maker, seamstress*
  - déshabiller — *strip off*
  - enfiler — *slip on*
  - essayer — *try on*
  - grand couturier — *designer*
  - laver à la main — *wash by hand*
  - machine à coudre — *sewing machine*
  - mannequin — *model*
  - pendre — *hang*
  - plier — *fold*
  - raccommoder, repriser — *mend*
  - repasser — *iron, press*
  - retoucher — *alter*

- **rétrécir** — *shrink*
- **sécher** — *dry*
- **vêtement** — *garment*

■ Les mensurations
Measurements

- **encolure** — *collar size*
- **tour de tête** — *head measurement*
- **tour de poitrine** — *chest / bust measurement*
- **tour de taille** — *waist measurement*
- **tour de hanche** — *hip measurement*

■ Décrire un vêtement
Describing clothes

- **à manches longues (courtes)** — *long (short)-sleeved*
- **ample** — *loose, baggy*
- **bonnet, capuche** — *hood*
- **bouton** — *button*
- **boutonnière** — *buttonhole*
- **braguette** — *fly, flies*
- **col** — *collar*
- **décolleté** — *neckline*
- **manche** — *sleeve*
- **ourlet** — *hem*

La confection

- **poche** — *pocket*
- **revers** — *lapel*
- **revers du pantalon** — *turns up*
- **sans manches** — *sleeveless*

■ Le tissu
Fabric

- **coton** — *cotton*
- **dentelle** — *lace*
- **imperméable** — *waterproof*
- **laine** — *wool*
- **lin** — *linen*
- **satin** — *satin*
- **soie** — *silk*
- **textile** — *textile*
- **velours** — *velvet*

Le jean (*jeans*)

La toile de jean était en fait à l'origine une toile qui venait soit de Gênes en Italie (d'où le nom *jean*), soit de Nîmes en France (d'où l'appellation *denim*) et qui était utilisée pour fabriquer les voiles des navires. C'est Levi Strauss qui, le premier, eut l'idée de se servir de cette toile très solide pour fabriquer les pantalons qui ont fait sa fortune.

Les motifs
Patterns

• à carreaux	*checked*
• à fleurs	*flowery*
• à pois	*dotted, spotted*
• à rayures	*stripped*
• brodé	*embroidered*
• écossais	*tartan*
• fripé, froissé	*crumpled, creased*
• imprimé	*printed*
• lavable	*washable*
• plissé	*pleated*
• uni	*plain*

Le tartan

Le tartan est une étoffe de laine à carreaux, traditionnellement utilisée dans les Highlands pour les plaids et les kilts. Chaque motif, constitué de bandes alternées de fils de laine tissés, représente souvent un clan écossais précis.

Partie V
Se loger

La ville
La maison
À l'intérieur de la maison

La ville
The city

Deux mots pour une ville

En Grande-Bretagne, on réserve plutôt le mot *city* pour faire référence à une très grande ville (une métropole), mais on peut tout à fait dire : *It's a big town.*

Aux États-Unis, on emploie le mot *city*. Le mot *town* désigne plutôt une très petite ville (un bourg, chez nous).

■ La voirie
Public roads

- **avenue** — *avenue*
- **chaussée** — *roadway*
- **grande rue** — *main street* (US), *high street* (UK)
- **impasse** — *dead end street* (US), *cul-de-sac* (UK)
- **route** — *road*
- **rue** — *street*
- **rue à sens unique** — *one-way street*
- **ruelle** — *lane*
- **trottoir** — *pavement* (UK), *sidewalk* (US)
- **voie** — *way*

Demander son chemin
Asking one's way

- **Où est la gare ?**
  Where is the station?

- **Y a-t-il une poste dans les environs ?**
  Is there a post office around there?

- **Combien de temps cela prend-il d'aller à la gare à pied ?**
  How long does it take to walk to the station?

- **Pourriez-vous me montrer le chemin pour aller à l'arrêt de bus ?**
  Can you please show me the way to the bus stop?

- **Pardon. À quelle distance est la gare ?**
  Excuse me. How far is it to the station?

- **Où est la banque la plus proche ?**
  Where is the nearest bank?

Les quartiers
Districts

animé	*bustling*
banlieue	*suburb*
centre-ville	*downtown*
désert	*deserted*
désuet, pittoresque	*quaint*

- **foule** — *crowd*
- **pittoresque** — *picturesque*
- **quartier chic** — *upmarket, posh area*
- **quartier résidentiel** — *residential area*
- **taudis** — *slum*
- **trépidant** — *hectic*
- **très sale** — *filthy*
- **vivant** — *lively*

Centre-ville et banlieue

Si, en France, habiter dans le centre des villes est souvent réservé à des gens aisés, la connotation du centre-ville est différente en Grande-Bretagne et aux États-Unis.

On travaille en ville, on y sort, on y fait ses courses, mais on y habite rarement.

Notons que tout ceci est en train de changer et qu'à Londres comme dans les grandes villes de la côte est des États-Unis, des « bobos » commencent à apprécier de vivre en ville.

■ Donner des indications
Giving directions

- **Allez tout droit.**
  Go straight on.

- **Tournez à gauche dans Oxford Street.**
  Turn left into Oxford Street.

- **C'est du côté gauche.**
  It's on the left-hand side.

- **Dépassez l'église.**
  Go past the church.

- **Suivez les panneaux.**
  Follow the signs.

- **Traversez la rue.**
  Cross the street.

- **Puis prenez la deuxième route à droite.**
  Then take the second street on the right.

- **Au carrefour, tournez à droite.**
  At the crossroads, make a right.

Au centre-ville
Downtown

• **arrêt de bus**	*bus stop*
• **embouteillage**	*traffic jam*
• **enseigne**	*sign*
• **feu tricolore**	*traffic light*
• **kiosque de presse**	*news stand*
• **lampadaire**	*street light*

• **panneau de rue**	*street sign*
• **panneau publicitaire**	*billboard*
• **parcmètre**	*parking meter*
• **passage piétons**	*zebra crossing* (UK), *pedestrian crossing* (US)
• **poubelle**	*litter basket*
• **refuge pour piétons**	*traffic island*
• **station de métro**	*subway station*
• **station de taxi**	*taxi stand*

Downtown : un mot caméléon

Il peut être :
- adverbe → *Let's go downtown.*
  Allons en ville.
- adjectif → *She's got an apartment in downtown Chicago.*
  Elle a un appartement dans le centre de Chicago.
- nom → *It's located in the heart of Manchester downtown.*
  C'est situé au cœur de Manchester.

Les endroits publics
Public places

• **caserne de pompiers**	*fire station*
• **commissariat**	*police station*
• **école**	*school*

- **église** — *church*
- **entrée de métro** — *subway entrance*
- **fontaine** — *fountain*
- **gare** — *train station*
- **hôpital** — *hospital*
- **mairie** — *city hall*
- **métro** — *underground* (UK), *subway* (US)
- **office de tourisme** — *tourist office*
- **palais de justice** — *court*
- **parking** — *car park*
- **piscine** — *swimming pool*
- **poste** — *post office*
- **prison** — *jail, prison*
- **station d'autobus** — *bus station*
- **université** — *university, college*

Prendre le bus
Taking the bus

- **Vérifions les horaires.**
  Let's check the timetable.

- **Quand vous monterez dans l'autobus, payez votre billet ou montrez votre carte d'abonnement.**
  When you get on the bus, pay the fare or show your pass.

- **Voici l'arrêt de bus. Il y a la queue.**
  Here is the bus stop. There's a queue.

- **Nous n'avons que deux minutes d'attente.**
  We'll have only to wait for two minutes.

- **Il y a un distributeur de billets à l'arrêt de bus.**
  There is a ticket machine at the bus stop.

Des bus légendaires

Les bus rouges à deux étages, *double-decker buses*, sont des symboles londoniens, au même titre que les cabines téléphoniques, les boîtes aux lettres rouges ou les chapeaux melons. Ils sont malheureusement tout autant en voie de disparition.

Presque aussi célèbres, les bus de ramassage scolaire américains et leur couleur jaune vif.

Prendre le métro à Londres
Using the London underground

- **Achetez votre ticket à un guichet ou à un distributeur automatique.**
  Buy your ticket at a staffed ticket office, or at a ticket machine.

- **Certaines machines n'acceptent que les pièces.**
  Some of the machines accept only coins.

- **D'autres machines acceptent les billets et les cartes bancaires.**
  Other machines accept banknotes and credit cards.

- **Certaines machines rendent la monnaie.**
  Some machines can provide change.

- **Certaines machines n'acceptent pas le liquide.**
  Some machines don't accept cash, and can only take cards.

- **Il est interdit de fumer partout dans le métro. L'amende est très lourde !**
  Smoking is illegal anywhere on the subway system. The penalty is a very stiff fine!

Les tarifs

Le métro londonien est très cher, comparé au métro parisien, surtout si on achète un ticket à l'unité. En revanche, un trajet de zone 1 qui coûte £4 si on l'achète à l'unité ne vous coûtera que £1,50 si vous utilisez *the Oyster Card* (carte magnétique, équivalent du Navigo parisien).

■ Les magasins
Shops

- **animalerie** — *pet store*
- **banque** — *bank*
- **bibliothèque** — *library*
- **boucher** — *butcher's*

La ville

• **boulangerie**	*bakery*
• **coiffeur**	*hairdresser's*
• **faire des courses**	*go shopping*
• **fleuriste**	*flower shop*
• **galerie commerciale**	*shopping mall*
• **grand magasin**	*department store*
• **laverie automatique**	*laundromat, launderette*
• **librairie**	*bookstore, bookshop*
• **magasin d'électronique**	*electronics shop*
• **magasin de vidéo**	*video store*
• **marché d'artisanat**	*craft market*
• **pharmacie**	*pharmacy, drugstore*
• **quincaillerie**	*hardware store*
• **salon d'esthétique**	*beauty salon*
• **station essence**	*petrol station* (UK), *gas station* (US)
• **supermarché**	*supermarket*
• **vitrine**	*shop window*

Boulanger / boulangerie

L'anglais ne dispose pas de mots spécifiques pour la boulangerie, la boucherie, etc.

On dit « chez le boulanger » en ajoutant 's au mot *baker* (c'est un génitif elliptique : on sous-entend le mot *shop*).

I'm going to the hairdresser's. Je vais chez le coiffeur.

Se loger

■ Les lieux de loisirs
Leisure places

- **auberge de jeunesse** — *youth hostel*
- **café** — *pub, cafe*
- **cinéma** — *movie theater, cinema*
- **équipement** — *facilities*
- **galerie** — *gallery*
- **hôtel** — *hotel*
- **musée** — *museum*
- **parc** — *park*
- **restaurant** — *restaurant*
- **salle de gym** — *gym*
- **square** — *square*

Le *pub*

Une véritable institution en Grande-Bretagne !

Notons que le mot *pub* est une abréviation de *public house*.

Les *pubs* sont partout, dans les grandes villes comme dans les villages. Malgré les nombreuses fermetures qui attristent les Britanniques, il en reste environ 53 000.

On y vend de l'alcool, surtout des bières à la pression ; et on peut souvent y manger fort bien pour un prix raisonnable. On n'y entre pas avec des enfants mineurs, sauf dans ceux qui ont une *family room*.

Ne vous attendez pas à être servis dans un pub. Vous allez au comptoir et revenez avec votre *pint* de bière ou autre boisson.

Localiser magasins et lieux publics
Locating shops and public places

- **à côté de** — next to
- **au coin de la rue** — around the corner
- **de l'autre côté de la rue** — across the street
- **en face de** — opposite
- **entre** — between
- **tout droit** — straight ahead

La maison
The house

■ Se loger
Finding housing

- **à louer** — *for rent*
- **à vendre** — *for sale*
- **appartement** — *flat, apartment*
- **colocataire** — *flat mate, room mate*
- **colocation** — *flat sharing*
- **habiter** — *dwell*
- **immobilier** — *real estate*
- **loyer, louer** — *rent*
- **meublé** — *furnished*
- **posséder** — *own*
- **propriétaire** — *landlord*
- **studio** — *studio*
- **garage** — *garage*

> #### *House* ou *home* ?
> Ces deux mots se traduisent de la même façon en français mais leur valeur affective est différente. *House* renvoie au bâtiment lui-même quand *home* évoque davantage la douceur du foyer.
> *I want to go home.* Je veux rentrer à la maison.
> *House for sale.* Maison à vendre.

■ L'extérieur
The outside

• **alarme**	*alarm*
• **allée**	*drive*
• **allumer / éteindre**	*turn on / off*
• **antenne**	*aerial*
• **antenne parabolique**	*satellite dish*
• **balcon**	*balcony*
• **boîte aux lettres**	*letter box*
• **carreau**	*window pane*
• **cheminée**	*chimney*
• **donner sur**	*look onto*
• **double vitrage**	*double glazing*
• **en bas**	*downstairs*
• **escalier**	*stairs*

La maison

• **étage (à l')**	*upstairs*
• **fermer à clé**	*lock*
• **gouttière**	*gutter*
• **jumelée (maison)**	*semi-detached (house)*
• **maison en briques**	*brick house*
• **marche**	*step*
• **monter / descendre le store**	*pull up / down the blinds*
• **murs**	*wall*
• **ouvrir**	*unlock*
• **palier**	*landing*
• **portail**	*gate*
• **porte d'entrée**	*entrance door, front door*
• **portes-fenêtres**	*French windows*
• **rez-de-chaussée**	*ground floor*
• **serrure**	*lock*
• **sonnette**	*doorbell*
• **stores**	*blinds*
• **toit**	*roof*
• **tuile**	*tile*
• **verrou**	*bolt*
• **volets**	*shutters*

> ### Les maisons anglo-saxonnes
> - *Semi-detached houses* : maisons jumelles, mitoyennes d'un côté, devant lesquelles on trouve un petit jardinet cultivé avec beaucoup d'attention.
> - *Terraced houses* : dans les villes britanniques, on ne peut manquer d'être frappé par ces alignements de maisons mitoyennes, souvent en briques rouges, toutes absolument identiques, à l'exception des portes multicolores, note par laquelle les propriétaires marquent leur originalité.
> - *Cottage* : petite maison campagnarde au toit de chaume et entouré d'un jardin luxuriant.

Du sol au plafond
From floor to ceiling

• **cave**	*cellar*
• **chaudière**	*boiler*
• **cloison**	*partition*
• **étage**	*floor, storey*
• **fioul**	*fuel*
• **grenier**	*loft, attic*
• **lucarne**	*skylight*
• **pièce**	*room*
• **plafond**	*ceiling*
• **sol (terrasse)**	*ground*
• **sol, plancher**	*floor*

- **sous-sol** — *basement*
- **Velux** — *Velux*

Premier étage et rez-de-chaussée

On s'y perd un peu. Le *ground floor* (rez-de-chaussée) n'existe qu'en Grande-Bretagne. Il s'appelle *first floor* (premier étage) aux États-Unis. Le premier étage sera donc appelé *first floor* en Grande-Bretagne, mais *second floor* aux États-Unis, et ainsi de suite. Une *three-storey house* en Grande-Bretagne sera donc appelée *four-story house* aux États-Unis…

Basement

C'est l'étage d'un bâtiment qui se trouve en dessous du rez-de-chaussée – traditionnellement l'endroit où se trouvaient les cuisines dans les maisons bourgeoises ; le personnel devait donc pouvoir y accéder par un escalier extérieur. Ce sous-sol fait partie intégrante des maisons urbaines.

■ Décrire la maison
Describing the house

- **bien conçu** — *well-designed*
- **charmant** — *quaint*
- **clair** — *light*
- **confortable** — *comfortable*
- **délabré** — *dilapidated*

Se loger

- **douillet** — *snug, cozy*
- **grand** — *large, spacious*
- **haut / bas de plafond** — *high / low-ceilinged*
- **luxueux** — *luxurious, luxury*
- **minable, miteux** — *shabby*
- **minuscule** — *tiny*
- **sombre** — *dark*

Le style anglais

Une moquette épaisse qui recouvre jusqu'aux marches des escaliers, des tapisseries et tissus à motifs floraux dans les tons vert, rose ou beige, et une profusion de bibelots, voici ce qui donne aux intérieurs anglais leur ambiance si feutrée, si *cosy*… si *British* !

■ Décorer la maison
Decorating the house

- **bricolage** — *DIY (do it yourself)*
- **éclairage** — *lighting*
- **marteau** — *hammer*
- **meubler** — *furnish*
- **outil** — *tool*
- **papier peint** — *wall paper*
- **peindre, peinture** — *paint*

LA MAISON

- **perceuse** — *drilling machine*
- **pinceau** — *brush*
- **poser la moquette** — *fit / lay the carpet*
- **réaménager** — *remodel*
- **rénover** — *renovate*
- **tapisser** — *paper*
- **tournevis** — *screwdriver*

Pendre la crémaillère

En anglais, on réchauffe la maison…
Have a house-warming party.

À l'intérieur de la maison
Inside the house

■ La salle à manger
The dining room

• **buffet, desserte**	*sideboard*
• **chaise**	*chair*
• **lustre**	*chandelier*
• **meubles**	*furniture*
• **nappe**	*tablecloth*
• **serviette**	*napkin*
• **table**	*table*

Les meubles

Attention : *furniture* est un mot singulier, mais il renvoie à l'ameublement en général.

Pour désigner un meuble, on dira : *a piece of furniture*.

■ Le salon
The living room

• **abat-jour**	*lampshade*
• **accroché (au mur)**	*hanging (on the wall)*
• **canapé**	*sofa, settee*

Se loger

- **chaîne stéréo** — *hi-fi system*
- **chauffage au gaz** — *gas heating*
- **chauffage central** — *central heating*
- **chauffage électrique** — *electric heating*
- **cheminée** — *fireplace*
- **coussin** — *cushion*
- **éclairage** — *lighting*
- **étagère** — *shelf*
- **fauteuil** — *armchair*
- **lecteur de CD** — *CD player*
- **moquette** — *fitted carpet*
- **poste de télévision** — *television set*
- **rideau** — *curtain*
- **salon** — *lounge*
- **table basse** — *coffee table*
- **tableau** — *picture*
- **tapis** — *carpet, rug*
- **télé** — *telly*

La cheminée

Attention à ne pas confondre *the chimney*, que l'on trouve sur le toit des maisons, nettoyée par un ramoneur (*chimney sweeper*), et *the fireplace*, qui se trouve à l'intérieur de la maison et dans laquelle on fera brûler des bûches (*logs*).

À L'INTÉRIEUR DE LA MAISON

■ La chambre
The bedroom

• **armoire**	*wardrobe*
• **chambre d'amis**	*spare room*
• **commode**	*chest of drawers*
• **couette**	*quilt*
• **couverture**	*blanket*
• **descente de lit**	*rug*
• **dessus-de-lit**	*bedspread*
• **drap**	*sheet*
• **édredon**	*comforter* (US)
• **housse de couette**	*quilt cover*
• **lit**	*bed*
• **literie**	*bedding*
• **oreiller**	*pillow*
• **pyjama**	*pyjamas* (GB), *pajamas* (US)
• **taie d'oreiller**	*pillowcase*
• **vêtements**	*clothes*

Soyez au courant !

Attention, aux Etats-Unis, le courant électrique est du 110 volts, et non du 220 volts, comme en Europe. Il est donc nécessaire d'emporter avec soi un transformateur (*power converter*) pour pouvoir brancher son rasoir ou son chargeur de téléphone.

La salle de bains
The bathroom

• **baignoire**	*bath*
• **brosse à cheveux**	*hairbrush*
• **brosse à dents**	*toothbrush*
• **dentifrice**	*toothpaste*
• **douche**	*shower*
• **gant de toilette**	*face cloth*
• **gel douche**	*gel*
• **lavabo**	*wash basin*
• **laver** (se)	*wash*
• **maquillage**	*makeup*
• **maquiller** (se)	*make up*
• **miroir**	*mirror*
• **papier hygiénique**	*toilet paper*
• **parfum**	*perfume*
• **produits de toilette**	*cosmetics*
• **raser** (se)	*shave*
• **rasoir**	*razor*
• **savon**	*soap*
• **serviette**	*towel*
• **shampoing**	*shampoo*
• **WC**	*toilet*

À L'INTÉRIEUR DE LA MAISON

Où est la salle de bains ?

Dans les pays anglo-saxons, les toilettes sont généralement situées dans la salle de bains. Si une de vos invitées vous demande : *Where is the bathroom, please?*, comprenez qu'elle ne souhaite pas prendre un bain, mais… « se repoudrer le nez » !

Mécanismes complexes

Les Européens se trouvent souvent démunis devant les mitigeurs sophistiqués qu'ils trouvent dans les pays anglo-saxons. Il ne suffit pas de tourner un robinet pour avoir de l'eau tiède et prendre sa douche, mais il faut penser à : 1) actionner le système de ventilation, 2) sélectionner la température souhaitée, 3) régler le débit attendu. Après, seulement, vous aurez bien mérité une bonne douche !

■ Le linge de maison
Linen

- **cache-théière** — *kettle cover*
- **chemin de table** — *table runner*
- **manique** — *pot holder*
- **nappe** — *table cloth*
- **paillasson** — *rug*
- **serviette** — *napkin*
- **set de table** — *placemat*
- **tablier** — *apron*
- **torchon** — *towel*

Les *covers*

Ces pochons de tissu souvent très fleuris et dans des tons pastel sont typiques des cuisines britanniques. Le cache-théière permet d'abord de conserver la chaleur, mais d'autres caches sont utilisés pour les mixeurs ou le grille-pain, et n'ont alors qu'une fonction décorative.

■ La cuisine
The kitchen

- **cuisine équipée** — *fitted kitchen*
- **évier** — *sink*
- **placard** — *cupboard*
- **plan de travail** — *worktop*
- **plat** — *dish*
- **pratique, fonctionnel** — *practical*
- **robinet d'eau chaude / froide** — *hot / cold water tap*
- **vaisselle** — *dishes*
- **vide-ordures** — *rubbish chute*

Cuisines américaines

La cuisine ouverte sur le séjour, qui est maintenant à la mode en France, contrastait avec la tradition européenne, pour laquelle la cuisine, domaine des domestiques, était le plus éloignée possible des pièces à vivre de la maisonnée. Autres temps, autres endroits, autres mœurs…

À L'INTÉRIEUR DE LA MAISON

■ La batterie de cuisine
Cookware

• **brochette**	*skewer*
• **casserole**	*pan*
• **gril**	*grid*
• **marmite**	*stockpot*
• **plat à rôtir**	*roaster*
• **poêle**	*frying pan*
• **sauteuse**	*sauce pan*
• **terrine**	*terrine*
• **ustensile de cuisine**	*kitchenware*

L'ustensile et le plat

Pour faire des brochettes, on utilise des *skewers*, mais le plat obtenu emprunte le mot oriental *kebab*.

Pour faire une terrine, on utilise une *terrine*, mais le plat obtenu emprunte plutôt le mot français *pâté*.

■ Les plats
Dishes

• **moule à cake**	*loaf pan*
• **moule à gâteau**	*cake pan*
• **moule à tarte**	*pie plate*

• plat	*dish*
• plat à four	*baker*
• plat de service	*platter*
• plateau	*tray*
• saladier	*salad bowl*
• saucière	*gravy boat*
• soupière	*soup tureen*

Gravy and *marmite*

Ces deux sauces sont typiquement britanniques. Le *gravy*, fabriqué à partir des jus de cuisson, accompagne la plupart des plats cuisinés. La *marmite* est une pâte brunâtre que l'on tartine sur des toasts, dont le goût de Viandox et de levure très salé ne laisse personne indifférent… On adore ou on déteste !

■ L'électroménager
Household appliances

• aspirateur	*vacuum cleaner*
• batteur	*hand mixer*
• bouilloire électrique	*electric kettle*
• cafetière électrique	*coffee maker*
• congélateur	*freezer*
• cuisinière	*stove*
• fer à repasser	*iron*

À L'INTÉRIEUR DE LA MAISON

- **fer a vapeur** — *steam iron*
- **four** — *oven*
- **four à micro-ondes** — *microwave oven*
- **friteuse électrique** — *deep fryer*
- **grille-pain** — *toaster*
- **hotte aspirante** — *extractor hood* (GB), *ventilator* (US)
- **lave-linge** — *washer*
- **lave-vaisselle** — *dishwasher*
- **machine à coudre** — *sewing machine*
- **machine à laver** — *washer*
- **mixeur** — *blender*
- **plaque à induction** — *induction cooking top*
- **plaque chauffante** — *hotplate*
- **presse-agrumes** — *citrus mixer*
- **réfrigérateur** — *fridge, refrigerator*
- **sèche-linge** — *tumble-drier*

Les prises de courant

En Angleterre et aux États-Unis, les prises de courant (*plugs*) sont différentes de celles utilisées en Europe. Elles nécessitent, pour les visiteurs, l'utilisation d'un adaptateur (*adapter plug*), que l'on trouve partout, dans les supermarchés ou les *duty free shops*.

Les travaux ménagers
Housework

• **aspirateur**	*hoover, vacuum cleaner*
• **balai**	*broom*
• **balayer**	*sweep*
• **chiffon**	*duster*
• **corvées ménagères**	*domestic chores*
• **débarrasser la table**	*clear the table*
• **désordre (en)**	*mess (in a), untidy*
• **éponger**	*sponge*
• **essuyer**	*wipe*
• **laver à la main**	*wash by hand*
• **lessive (faire la)**	*washing (do the)*
• **mettre la table**	*lay the table*
• **passer l'aspirateur**	*hoover*
• **polir**	*polish*
• **poussière**	*dust*
• **ranger**	*put away, tidy up*
• **repasser, fer à repasser**	*iron*
• **sécher (faire)**	*dry*
• **vaisselle (faire la)**	*washing up (do the)*

Faire

Attention, le verbe faire se traduit par *make* ou *do* selon la tâche que vous souhaitez réaliser. Ainsi :

Faire son lit : *Make one's bed.*

Faire votre chambre / le ménage : *Do your room / the housework.*

Faire la vaisselle : *Do the washing up.*

Mais… faire les poussières : *Dust.*

■ Sur la table
On the table

• **assiette**	*plate*
• **bocal**	*jar*
• **boîte à épices**	*spice rack*
• **bol**	*bowl*
• **coupe à fruits**	*bowl*
• **faïence**	*earthenware*
• **huilier**	*oil bottle*
• **mug**	*mug*
• **planche à découper**	*cutting board*
• **porcelaine**	*china*
• **récipient en métal**	*canister*
• **soucoupe**	*saucer*
• **sucrier**	*sugar crock*

- **tasse** — *cup*
- **théière** — *teapot*
- **vaisselle** — *dishes*
- **vinaigrier** — *vinegar bottle*

China

Ce mot est utilisé non seulement pour désigner un matériau (la porcelaine), mais c'est aussi un terme générique employé pour toute la vaisselle en porcelaine, quelles que soient son origine et sa qualité. La porcelaine de Sèvres sera donc appelée *Sèvres china*.

■ Les couverts
Cutlery

- **aiguiseur** — *knife sharpener*
- **argenterie** — *silverware*
- **couteau** — *knife*
- **couverts à salade** — *salad serving set*
- **cuiller** — *spoon*
- **cuiller à thé** — *teaspoon*
- **éplucheur, économe** — *potato peeler*
- **fourchette** — *fork*
- **louche** — *ladle*
- **pelle à tarte** — *cake server*

Le bar
The bar

• **agitateur**	*stirrer*
• **bouchon**	*cork*
• **bouchon à vin**	*wine stoppers*
• **carafe**	*carafe*
• **coupe**	*martini glass*
• **coupe à champagne**	*champagne glass*
• **gobelet**	*cup*
• **paille**	*straw*
• **pince à glaçon**	*ice **tongs***
• **seau à champagne**	*champagne bucket*
• **seau à glaçon**	*ice bucket*
• **tire-bouchon**	*corkscrew*
• **verre**	*glass*
• **verre à eau**	*water glass*
• **verre à vin**	*wine glass*
• **verre ballon**	*balloon wine glass*

Verre de vin ou verre à vin ?

Attention. Faites bien la différence entre *a wine glass* (un verre à vin) et *a glass of wine* (un verre de vin) !

Partie VI
Se déplacer

Se mouvoir
La voiture et les deux-roues
Les transports en commun
Les voyages

Se mouvoir
Moving around

■ À pied
On foot

- aller (s'en) — *get / go away*
- aller à pied — *go on foot, walk*
- aller, partir — *go*
- approcher (s') — *approach*
- appuyer sur (s') — *lean on / against*
- arrêt — *stop*
- attendre — *wait*
- auto-stop (faire de l') — *hitchhike*
- bouger, se déplacer — *move*
- courir — *run*
- entrer — *come in*
- faire entrer — *let in*
- faire entrer quelqu'un — *show somebody in*
- faire un pas — *take a step*
- flâner — *stroll*
- gravir, grimper — *climb*
- immobile — *motionless, still*
- laisser sortir, faire sortir — *let out*

Se déplacer

- **mouvement** — *motion*
- **partir** — *be off*
- **partir, s'en aller** — *leave*
- **poser, déposer** — *lay*
- **queue (faire la)** — *queue*
- **ramper** — *crawl*
- **retour (être de)** — *back (be)*
- **séjourner, rester** — *stay*
- **situé (être)** — *be situated*
- **sortir** — *come out*
- **suivre** — *follow*
- **tourner (se), retourner (se)** — *turn (round)*
- **traîner, attarder (s')** — *hang about / around*
- **traverser** — *cross*
- **venir** — *come*

Faire la queue

L'éducation anglo-saxonne fait que nos voisins, quand ils font la queue, attendent calmement leur tour sans chercher à resquiller (*jump the queue*), mauvaise habitude qu'ils jugent typiquement française et qui les choque profondément.

Les particules et prépositions

Les mouvements, comme en français, sont décrits par des verbes. Cependant, il est possible de leur ajouter des prépositions ou des particules pour en modifier le sens. Par exemple, *go* se traduit par « aller ». Mais :

- *go after* : poursuivre
- *go in* : entrer
- *go out* : sortir
- *go up* : monter

Revenir

Attention à ne pas confondre :

Come (ou *get*) *back* : revenir à son point de départ.

Come again : revenir une nouvelle fois.

Entrer

On décrit les mouvements beaucoup plus précisément en anglais qu'en français.

Si vous êtes à l'intérieur et que vous décrivez quelqu'un qui entre vous utiliserez *come in*. Si vous êtes à l'extérieur, vous emploierez *go in*.

■ Bouger rapidement
Move quickly

- **allure** — *pace*
- **courir** — *run*
- **échapper (s')** — *escape*
- **faire la course** — *race*

SE DÉPLACER

- **fuir** — *flee*
- **hâter (se), dépêcher (se)** — *hurry*
- **hâtif** — *hasty*
- **précipiter (se)** — *rush*
- **pressé** — *hurried*
- **rapide** — *quick, fast, swift, rapid*
- **vitesse** — *speed*

Comment traduire « à » ?

Attention :
I am walking to the supermarket.
I am in a house.
I am at the supermarket.

La voiture et les deux-roues
Cars and two-wheelers

■ Conduire une voiture
Driving a car

• accélérer	*speed up / accelerate*
• céder le passage	*give way*
• changer de vitesse	*change / shift* (US) *gear*
• chargé, encombré	*busy*
• clignotant à droite / gauche (mettre le)	*indicate right / left*
• code de la route	*highway code*
• conduire	*drive*
• demi-tour (faire un)	*make a U-turn*
• doubler, dépasser	*overtake*
• embouteillage	*traffic jam*
• freiner	*break down*
• garer (se) dans un parking	*park*
• garer (se) le long du trottoir	*pull in*
• heure de pointe	*rush hour*
• limitation de vitesse	*speed limit*
• marche arrière (faire)	*reverse*
• panneau indicateur	*road sign*

- **parking** — *car park*
- **passer la vitesse supérieure** — *gear up*
- **permis de conduire** — *driving licence* (GB), *driver's licence* (US)
- **place de parking** — *parking lot*
- **priorité (avoir la)** — *right of way (have)*
- **90 à l'heure (faire du)** — *55 miles an hour (do)*
- **ralentir** — *slow down*
- **rentrer dans, percuter** — *bump / crash into*
- **renverser quelqu'un** — *knock somebody down*
- **rétrograder** — *gear down*
- **garer (se) en double file** — *double park*
- **signalé, indiqué** — *signposted*

Conduire aux États-Unis

Conduire aux États-Unis pose nettement moins de problèmes. Les voitures sont souvent automatiques et très confortables, les routes larges, les panneaux de signalisation énormes, les conducteurs sont très calmes et respectueux de leur code de la route… et pour cause : les amendes sont vraiment très salées !

Conduire au Royaume-Uni

Si on s'habitue assez rapidement à s'asseoir du côté droit de la voiture et à conduire sur la voie de gauche, il reste souvent difficile pour les continentaux de passer les vitesses de la main gauche et de penser à laisser la priorité à gauche. Sans parler de la conduite sur les petites routes étroites et bordées de murets dans les campagnes irlandaises ou écossaises !

Certes, les agences de location de voitures sont habituées à voir revenir leurs véhicules endommagés, mais pensez tout de même à prendre une bonne assurance !

Mais pourquoi roulent-ils à gauche ?

Au Moyen Âge, les hommes qui circulaient à dos de cheval se tenaient du côté gauche des chemins, de façon à dégager leur épée. Ce type de circulation fut adopté partout, jusqu'à ce que Napoléon arrive et oblige les pays conquis à rouler à droite. Bien entendu, les Anglais refusèrent d'obéir...

■ Rouler en ville
Driving in the city

- **carrefour** — *crossroads*
- **chaussée** — *road(way)*
- **demander son chemin** — *ask one's way*
- **feux** — *traffic lights*
- **grande rue** — *main street*
- **impasse, voie sans issue** — *dead end, no through road*

Se déplacer

- **panneau** — *street sign*
- **parcmètre** — *parking meter*
- **parking** — *car park, parking lot* (US)
- **passage protégé** — *pedestrian / zebra crossing*
- **petite rue** — *side street*
- **piéton** — *pedestrian*
- **place** — *square*
- **plan** — *street map*
- **pont** — *bridge*
- **pris dans un embouteillage** — *stuck in a jam*
- **rue à sens unique** — *one-way street*
- **trottoir** — *pavement, sidewalk* (US)

Le covoiturage

Aux États-Unis, sur certains grands axes de circulation, une voie est réservée aux véhicules avec au moins deux (parfois trois dans certains États) personnes à bord, conducteur compris. Ces voies, marquées par des losanges peints sur la route, sont appelées *car-pool* (covoiturage) ou *HOV lanes* (*High Occupancy Vehicle lanes*). Elles sont souvent peu occupées et sont donc très utiles en cas d'embouteillages… Attention à ne pas les utiliser si vous êtes seul, les policiers sont très stricts à ce sujet et les amendes très salées.

La voiture
The car

• **accélérateur**	*accelerator, gas pedal* (US)
• **accoudoir**	*armrest*
• **amortisseurs**	*shock absorbers*
• **appuie-tête**	*headrest*
• **boîte de vitesses**	*gearbox*
• **bougies**	*spark plugs*
• **carrosserie**	*bodywork*
• **cric**	*jack*
• **freins**	*rakes*
• **gaz d'échappement**	*exhaust fumes*
• **levier de vitesses**	*gear lever, gear-shift* (US)
• **marche arrière**	*reverse gear*
• **moteur**	*engine*
• **pédale**	*pedal*
• **pneu**	*tyre, tire* (US)
• **pot d'échappement**	*exhaust (pipe)*
• **roue**	*wheel*
• **roue de secours**	*spare wheel*
• **tableau de bord**	*dashboard*
• **tenue de route**	*road holding*
• **vitesses**	*gears*

> ### Les boîtes automatiques
>
> La plupart des voitures américaines ont des boîtes automatiques. Elles n'ont pas de pédale d'embrayage (*clutch pedal*) et le levier de vitesses est simplifié :
>
> P = *parking* (équivalent du frein à main)
>
> R = *reverse* = marche arrière
>
> N = *neutral* = point mort
>
> D = *drive* = conduite « normale »
>
> 1-2 = imposent des vitesses très lentes, l'équivalent de la 1re et de la 2nde (à n'utiliser qu'en montagne ou dans des descentes très fortes).

■ Voyager en voiture
Travelling by car

- **Cette voiture est facile à manœuvrer.**
  This car is easy to handle.

- **Démarrez la voiture.**
  Start the engine.

- **Attachez votre ceinture.**
  Fasten your seat belt.

- **Mettez votre clignotant.**
  Signal / Indicate.

- **Tournez à droite / à gauche.**
  Turn right / left.

- **Continuez tout droit.**
  Go straight on.

- **Suivez cette rue.**
  Follow this road.

- **Prenez la première sortie vers Cardiff.**
  Take the first Cardiff exit.

- **Tournez à droite au stop.**
  Make a right turn at the stop sign.

- **Attention, il y a un sens interdit.**
  Be careful, there is a no-entry sign.

- **La circulation est fluide.**
  The traffic is clear.

- **Il a eu une amende pour excès de vitesse.**
  He was fined for speeding.

- **Il faut que je fasse le plein.**
  I have to fill up the tank.

- **J'ai réussi mon permis de conduire.**
  I have passed my driving test.

Au garage
At the garage

- **consommation** — *fuel consumption*
- **essence** — *petrol, gas(oline)* (US)

• **faire entretenir la voiture**	*have the car serviced*
• **faire le plein**	*fill up*
• **frais d'entretien**	*maintenance costs*
• **louer une voiture**	*rent a car*
• **mécanicien, garagiste**	*mechanic*
• **panne**	*breakdown*
• **réservoir**	*tank*
• **tomber en panne**	*break down*
• **voiture qui consomme**	*thirsty car, gas-guzzler* (US)

Quelle essence choisir ?

1 *gallon* = 3,8 litres

unleaded : sans plomb.

Ethyl : essence de très bonne qualité

Gazole : diesel

NB : en Angleterre, le diesel est plus cher à la pompe que l'essence. Il y a donc nettement moins de voitures diesel.

■ Parler au garagiste
Talking to the mechanic

- **Ma voiture est tombée en panne.**
  My car has broken down.

- **La voiture est tombée en panne d'essence.**
  The car has run out of petrol / gas.

- **J'ai un pneu crevé.**
  I have got a puncture.

- **La batterie est à plat.**
  The battery is flat.

- **Le moteur ne veut pas démarrer.**
  The engine won't start.

- **Vérifiez le niveau de l'huile, s'il vous plaît.**
  Please check the oil level.

- **Vérifiez les pneus, s'il vous plaît.**
  Please check the tyres.

- **Vérifiez la batterie, s'il vous plaît.**
  Please check the battery.

- **Coupez le moteur, s'il vous plaît.**
  Please switch the engine off.

Les panneaux routiers
Road signs

attention	*caution*
bas-côtés non stabilisés	*soft shoulder*
cédez le passage	*yield*
croisement	*crossing, Xing, junction (jct)*
devant, à venir	*ahead*
feux tricolores proches	*traffic light ahead*

• **glissant en cas d'humidité**	*slippery when wet*
• **montée ou descente**	*hill*
• **péage**	*toll*
• **ralentir**	*slow*
• **serrez à droite / gauche**	*keep right / left*
• **sortie**	*exit*
• **station-service**	*gas station*
• **travaux**	*road work*
• **vitesse limite**	*speed limit*

Se diriger aux États-Unis

Les panneaux sont très grands et toutes les routes bien indiquées. Pour aller quelque part, il suffit de connaître le numéro de la route et le point cardinal vers lequel aller. Ce système, qui peut surprendre au départ, s'avère en fait très pratique.
I 70 North = *interstate* (autoroute) n° 70 vers le nord.

Les infractions
Offences

• **accident**	*car crash*
• **amende**	*fine*
• **assurance auto**	*car insurance policy*
• **brûler un feu rouge**	*jump the lights*

La voiture et les deux-roues

- **carte grise** — *registration document*
- **ceinture de sécurité** — *safety belt, seat belt*
- **contractuel** — *traffic warden*
- **contravention** — *ticket*
- **fourrière** — *pond*
- **plaque d'immatriculation** — *number / licence plate*
- **pour excès de vitesse** — *speeding*
- **responsable de** — *responsible for*
- **zone de stationnement interdit** — *no-parking area*

Les limitations de vitesse

	UK	USA
En ville :	50 km/h	40 à 55 km/h
Sur route :	95 km/h	80-105 km/h
Sur autoroute :	110 km/h	120 km/h

Les distances

Attention, n'oubliez pas qu'au Royaume-Uni et aux États-Unis, les distances se mesurent en *miles*, et non en kilomètres.

1 *mile* : 1,609 kilomètres.

Petit moyen mnémotechnique : 1 *mile* = « un ciseau neuf » (1-6-O-9).

Les vitesses sont donc indiquées en *miles per hour* (*mph*).

Se déplacer

> **Les feux tricolores**
>
> En Grande-Bretagne, ils passent de rouge à jaune puis vert, et non pas directement de rouge à vert. Ne passez pas au jaune, vous risquez une forte amende !

■ En deux-roues
By bike

- **à plat** (pneu) — *flat (tyre)*
- **béquille** — *kickstand*
- **blouson** — *jacket*
- **bottes** — *boots*
- **cadre** — *frame*
- **casque** — *helmet*
- **crever, avoir une crevaison** — *have a puncture*
- **faire du vélo** — *to ride a bike*
- **guidon** — *handlebars*
- **motard** — *biker*
- **moto** — *motor bike*
- **pédale** — *pedal*
- **piste cyclable** — *cycle lane*
- **pneu** — *tyre (GB), tire (US)*
- **porte-bagages** — *luggage carrier*

LA VOITURE ET LES DEUX-ROUES

- **roue** — *wheel*
- **selle** — *saddle*
- **siège arrière** — *pillion*
- **trajet à moto** — *bike ride*
- **vélo** — *bike*
- **VTT** — *ATB (all terrain bike)*
- **vélo tout-terrain** — *mountain bike*

Les transports en commun
Public transports

- **En bus**
  By bus
  - **arrêt de bus** — *bus stop*
  - **autocar** — *coach*
  - **bus** — *bus*
  - **conducteur** — *driver*
  - **contrôleur** — *ticket / bus inspector*
  - **descendre, sortir** — *get off / down / out*
  - **monter (dans)** — *get (on)*
  - **prix du trajet** — *fare*
  - **siège** — *seat*

Des cars célèbres

Le bus londonien, à impériale rouge, ***double-decker***, est certainement le plus connu au monde, avec le car de ramassage scolaire américain jaune et noir, *schoolbus*.

Autre bus célèbre, celui Montgommery (Alabama), dans lequel, en 1955, Rosa Parks refusa de laisser sa place à un passager blanc et fut arrêtée par la police, marquant alors le début des manifestations pour les *civil rights* aux États-Unis.

Se déplacer

■ Voyager en bus / car
Travelling by bus / coach

- **Où est l'arrêt d'autobus le plus proche ?**
  Where's the nearest bus stop?

- **Quel bus prendre pour aller au centre-ville ?**
  Which bus do I take to get to the town centre?

- **Peut-on y aller en bus ?**
  Can you get there by bus?

- **Il y a un bus tous les combien ?**
  How frequent are the buses?

- **C'est direct ?**
  Is it direct?

- **À quelle heure part le dernier autobus ?**
  What time is the last bus?

- **Cette place est occupée.**
  This seat is taken.

- **Un carnet, s'il vous plaît.**
  A book of tickets, please.

- **On descend ici pour le cinéma ?**
  Do I get off here for the cinema?

- **Pardon, je descends ici.**
  Excuse me, this is my stop.

■ En train
By train

- **abonnement** — *season ticket*
- **accompagner quelqu'un à la gare** — *see somebody to the station*
- **aller chercher quelqu'un à la gare** — *meet somebody at the station*
- **aller-retour** — *return ticket*
- **aller simple** — *single ticket*
- **arrivée** — *arrival*
- **arriver (à)** — *arrive (at)*
- **attendu à** — *due at*
- **consigne** — *left-luggage lockers*
- **contrôleur** — *ticket collector*
- **correspondance** — *connection*
- **départ** — *departure*
- **gare** — *(railway) station*
- **guichet** — *ticket office*
- **heure (à l')** — *time (on)*
- **manquer le train** — *miss the train*
- **métro** — *underground* (GB), *subway* (US)
- **partir (de)** — *leave from*
- **prendre (le train)** — *catch (the train)*

• **quai**	*platform*
• **retard (en)**	*late*
• **tarif réduit**	*reduced fare*
• **train**	*railroad*
• **voie**	*track*
• **voyager en**	*travel by*
• **wagon**	*carriage*

Le métro londonien

Le métro de Londres, le plus vieux du monde, existe depuis 1963. Il est surnommé *the Underground* (« le Souterrain »), ou *the Tube*, en référence à la forme cylindrique de ses plus anciennes lignes.

■ Voyager en train
Travelling by train

- **Où est la gare la plus proche ?**
  Where's the nearest railway station?

- **À quelle heure arrive le train en provenance de Bristol ?**
  What time does the train from Bristol arrive?

- **À quelle heure part le prochain train pour Ipswich ?**
  When does the next train for Ipswich leave?

- **Je voudrais réserver une place.**
  I would like to reserve a seat.

LES TRANSPORTS EN COMMUN

- **Un aller simple pour Oxford, s'il vous plaît.**
  A single ticket for Oxford, please.

- **Un aller-retour pour Reading, s'il vous plaît.**
  A return ticket for Reading, please.

- **De quel quai part le train ?**
  Which platform does the train leave from?

- **Combien de temps dure le voyage ?**
  How long does the journey take?

- **Combien coûte un aller-retour en deuxième classe ?**
  How much is a second-class return ticket?

- **Est-ce qu'il y a un wagon-restaurant dans le train ?**
  Does the train have a dining-car?

- **Le train de 11 h 15 est-il déjà parti ?**
  Has the 11:15 train already departed?

- **N'oubliez pas de composter votre billet avant de monter dans le train.**
  Remember to punch your ticket before you get on the train.

- **Vos billets, s'il vous plaît.**
  Your tickets, please

- **Le train entre en gare.**
  The train is pulling into the station.

- **L'arrivée est prévue à 17 h 26.**
  The train is scheduled to arrive at 5:26 p.m.

■ **En avion**
By plane

- **aéroport** — *airport*
- **appareil** — *aircraft*
- **arrivée (une), arrivant (un)** — *arrival*
- **atterrissage forcé** — *emergency, forced landing*
- **avion à réaction** — *jet plane*
- **carlingue** — *cabin*
- **contrôleur aérien** — *air traffic controller*
- **décalage horaire** — *jet / time lag*
- **décoller** — *take off*
- **départ** — *departure*
- **destination** — *destination*
- **embarquer (avion)** — *board*
- **équipage** — *crew*
- **hublot** — *window*
- **piloter (avion)** — *pilot*
- **piste** — *runway*
- **réserver une place** — *book a seat*
- **salle de départ** — *departure lounge*
- **soute** — *(baggage) hold*
- **voler, voyager en avion** — *fly*

Voyager en avion aux États-Unis

L'avion est un moyen de transport très répandu aux États-Unis. Cependant, depuis les attentats du 11 Septembre, les mesures de sécurité (*safety measures*) pour les vols vers les États-Unis ont été strictement renforcées. Les ressortissants français qui se rendent aux États-Unis pour un séjour n'excédant pas 90 jours et qui n'ont pas de visa doivent obtenir une autorisation électronique de voyage avant leur départ, le formulaire ESTA (*Electronic System for Travel Authorization*). Ils devront également être munis d'un passeport électronique.

■ Voyager en avion
Travelling by plane

- **À quelle heure part le prochain vol pour Londres ?**
  When does the next plane for London leave?

- **Y a-t-il un vol pour New York ce soir ?**
  Is there a flight to New York this evening?

- **Est-ce que l'avion partira à l'heure ?**
  Is the plane due to leave on time?

- **Le vol est retardé.**
  The flight has been delayed.

- **Le vol 1456 en provenance de Chicago est à l'heure.**
  The 1456 flight from Chicago is on time.

- **Pouvez-vous me confirmer l'heure d'arrivée de l'avion ?**
  Can you confirm the time of arrival for the plane?

- **Pouvez-vous me confirmer l'heure de départ ?**
  Can you confirm the time of departure?

- **Attachez vos ceintures, s'il vous plaît.**
  Fasten your seat belts, please.

- **Où est la boutique hors-taxes ?**
  Where is the duty free shop?

- **Embarquement immédiat porte 3.**
  Immediate boarding gate 3.

- **Vous voyagez avec quelle compagnie ?**
  What airline are you flying with?

En bateau
By boat

• **armateur**	*shipowner*
• **barque**	*craft*
• **bateau**	*boat*
• **bateau à moteur**	*motor boat*
• **bateau à voile**	*sailing boat*
• **cabine**	*cabin*
• **cale**	*hold*
• **canot de sauvetage**	*lifeboat*
• **capitaine**	*captain, skipper*
• **(dé)charger**	*(un)load*

Les transports en commun

• **coque**	*hull*
• **couchette**	*berth*
• **couler**	*sink*
• **dériver**	*drift*
• **échouer** (s')	*run aground*
• **entrepôt**	*warehouse*
• **équipage**	*crew*
• **escale**	*stopover*
• **flotter**	*float*
• **gilet de sauvetage**	*life jacket*
• **jeter l'ancre**	*drop anchor*
• **lever l'ancre**	*weigh anchor*
• **marin**	*sailor*
• **monter à bord**	*go on board*
• **naufrage**	*shipwreck*
• **naviguer**	*sail*
• **navire**	*ship*
• **phare**	*lighthouse*
• **pont**	*deck*
• **port**	*harbour*
• **quai**	*wharf* (pl. *wharves*)
• **quitter le port**	*(set) sail (from)*
• **rouler**	*roll*

- **tanguer** — *pitch*
- **traversée** — *crossing*
- **traversée calme** — *smooth crossing*
- **traversée mouvementée** — *rough crossing*

Se rendre en Angleterre

La traversée de la Manche (*the Channel*) en ferry de Calais à Douvres (*Dover*) prend environ 1 heure 30. On peut aussi l'effectuer en empruntant le tunnel sous la Manche (*the Chunnel*), en train ou en voiture, ce qui est plus rapide (45 minutes environ) mais nettement moins exotique…

Les voyages
Travels

■ Parler de vacances
Holiday talk

- **Êtes-vous allé à l'étranger ?**
  Have you been abroad?

- **Nous avons l'intention d'aller en Floride aux prochaines vacances.**
  We're planning on going to Florida for our next vacation.

- **Combien de temps y resterez-vous ?**
  How long will you stay?

- **Quel a été votre meilleur voyage ?**
  What was your best trip?

- **Préférez-vous voyager en voiture ou en avion ?**
  Do you prefer traveling by car or by plane?

- **Avez-vous déjà fait de l'auto-stop ?**
  Have you ever hitchhiked?

- **Nous avons pris un circuit organisé.**
  We took a package tour.

- **Combien de bagages emportez-vous habituellement ?**
  How much luggage do you usually carry?

- **Qu'est-ce que vous emportez toujours en voyage ?**
  What do you always take with you on a trip?

- **Aimeriez-vous faire une croisière ?**
  Would you like to take a cruise?

Les mots du voyage

Il existe plusieurs mots pour parler des voyages en anglais :

Trip : pour un déplacement conséquent dû à des motifs importants.
For our wedding anniversary, we went on a trip to Venice.
Pour notre anniversaire de mariage, nous avons fait un voyage à Venise.

Journey : pour un déplacement en général court et sans importance.
Did you have a nice journey?
As-tu fait bon voyage ?

Travel : terme très général pour parler des déplacements.
This agency offers travel bargains.
Cette agence a des offres de voyage très intéressantes.

Partie VII
Faire des achats

Les achats
Les magasins
L'argent

Les achats
Purchasing

■ Faire du shopping
Shopping

• achat, acheter	*purchase*
• affaire	*bargain*
• avoir de la valeur	*be valuable*
• coût	*cost*
• dépense	*expense*
• expédition shopping	*shopping spree*
• facture	*bill*
• portefeuille	*wallet* (GB), *purse* (US)
• prix	*price*
• reçu	*receipt*
• réduction	*discount*
• remboursement	*refund*
• soldes	*sale*
• valeur	*value*
• valoir	*be worth*

Les consommateurs
Consumers

- **acheter** — *purchase*
- **acheter à crédit** — *buy on credit*
- **argent liquide** — *cash*
- **avoir le choix** — *have the choice*
- **avoir les moyens de s'acheter** — *afford*
- **biens de consommation** — *consumer goods*
- **carte de crédit** — *credit card*
- **client** — *customer*
- **défense du consommateur** — *consumerism*
- **dépenser de l'argent en** — *spend money on*
- **en plusieurs versements** — *instalments*
- **faire du lèche-vitrines** — *go window shopping*
- **faire les magasins** — *shop around for*
- **payer** — *pay for*
- **payer en espèces** — *pay cash*
- **pouvoir d'achat** — *purchasing power*
- **se décider** — *make up one's mind*

Les prix
Prices

• **acompte**	*deposit*
• **augmentation**	*rise*
• **augmenter**	*increase*
• **baisse**	*drop, fall*
• **coût**	*cost*
• **échanger**	*to exchange*
• **facture**	*an invoice*
• **fixer un prix**	*set a price*
• **marchander**	*bargain over*
• **prix**	*price*
• **prix compétitifs**	*competitive prices*
• **prix de vente**	*selling price*
• **prix qui montent en flèche**	*skyrocketing prices*
• **prix tout compris**	*inclusive price*
• **reçu**	*receipt*
• **réduire les prix**	*cut / reduce the price*
• **tarif**	*price list*
• **TVA**	*VAT (Value Added Tax)*
• **valeur**	*value*
• **vendre à moitié prix**	*half price*

Se renseigner sur les prix
Asking about prices

- **Combien coûte ce foulard ?**
  How much is this scarf?

- **C'est combien ?**
  How much does this cost?

- **Celui-là est à 5 livres.**
  That one is £5.

- **Auriez-vous quelque chose de moins onéreux ?**
  Would you have something less pricey?

- **C'est trop cher.**
  That's too expensive.

- **Je n'ai pas les moyens.**
  I can't afford it.

- **Je ne suis pas intéressé.**
  I'm not interested.

- **OK, je vais prendre celui-là.**
  OK, I'll take this one.

- **Dans quel prix ?**
  Around what price? / In what price range?

Évaluer un prix

prix bas	*low prices*
hors de prix	*exhorbitant*
à prix réduit	*reduced*
à bas prix	*low-priced*
cher	*expensive*
bon marché	*cheap, reasonable*
haut de gamme	*top of the range*

Les Britanniques et l'euro

Bien que faisant partie de l'Europe, le Royaume-Uni n'appartient pas à la zone euro. Même s'il est de plus en plus souvent possible pour les Européens de payer avec des euros, la monnaie d'échange britannique reste la livre sterling (£).

1 pound = 100 pence (£1 = 100p)

Attention au pluriel irrégulier : *1 penny* mais *10 pence*.

Les magasins
Shops

■ Les noms de magasins
Shop list

• **bijouterie**	*jeweler's*
• **boucherie**	*butcher's*
• **boulangerie**	*baker's*
• **bureau de tabac**	*tobacconist's*
• **centre commercial**	*shopping centre / mall*
• **confiserie**	*sweetshop*
• **crémerie**	*dairy*
• **épicerie**	*grocer's*
• **fleuriste**	*florist's*
• **grand magasin**	*department store*
• **kiosque à journaux**	*newspaper stall*
• **librairie**	*bookshop*
• **magasin de fruits et légumes**	*greengrocer's*
• **marchand de journaux**	*news agent's*
• **papeterie**	*stationer's*
• **pâtisserie**	*cake shop*
• **plats préparés**	*ready-made dishes*
• **poissonnerie**	*fishmonger's*

- **pressing** — *dry-cleaner's*
- **quincaillerie** — *hardware store*
- **traiteur** — *caterer*

Des noms bizarres pour les magasins

Bizarres, ces noms de magasins qui se terminent tous par 's… C'est tout simplement un génitif avec omission du mot *shop*. On ne va pas « à la boucherie » mais « chez le boucher ».

NE PAS CONFONDRE !

library	bibliothèque
bookshop	librairie

Trouver le bon magasin
Finding the shop you need

- **Où est la boulangerie ?**
  Where is the baker's?

- **Est-ce qu'il y a une pharmacie dans le coin ?**
  Is there a chemist's near here?

- **Où est le centre commercial le plus proche ?**
  Where's the nearest shopping centre?

- **Comment aller à la pharmacie, s'il vous plaît ?**
  How do I get to the chemist's, please?

- **C'est tout près.**
  It's very near.

- **C'est à cinq minutes à pied environ.**
  It's about five minutes on foot.

Dans le magasin
Inside a store

- **Vous désirez ?**
  Can I help you?

- **Que puis-je faire pour vous ?**
  What can I do for you?

- **Excusez-moi, puis-je vous demander quelque chose ?**
  Excuse me. Can I ask you something?

- **Je regarde seulement, mais merci à vous.**
  No, I'm just browsing. Thanks anyway.

- **Peut-on regarder ?**
  Can we have a look around?

- **Quelqu'un s'occupe de vous ?**
  Is someone waiting on you?

- **Vous cherchez quelque chose de particulier ?**
  Are you looking for anything in particular?

- **Si vous avez besoin de moi, n'hésitez pas.**
  If you need me, just let me know.

- **Where is the changing room?**
  Où est la cabine d'essayage ?

Quitter le magasin
Leaving the store

- **Vous avez trouvé tout ce qu'il vous fallait ?**
  Did you find everything you needed?
  Did you find everything okay?

- **Ce sera tout pour aujourd'hui ?**
  Will that be all for today?

- **Il vous fallait autre chose ?**
  Anything else?

Au supermarché
At the supermarket

à plusieurs étages	*multi-storied*
bonne affaire	*good bargain*
chariot	*shopping trolley / cart*
commerçant	*shopkeeper*
enseigne	*shop sign*
étagère	*shelf*
étiqueter, étiquette	*label*

Les magasins

- **heure d'ouverture / de fermeture** — *opening / closing time*
- **ligne / gamme de produit** — *line / a range of products*
- **marchandises** — *wares, goods*
- **offre spéciale** — *special offer*
- **ouvrir un magasin** — *set up a shop*
- **produits de luxe** — *luxury goods*
- **produits manufacturés** — *manufactured goods*
- **rayon chaussures** — *shoe department*
- **remise** — *discount*
- **soldes** — *sales*
- **vendeur** — *salesman*
- **vendeur, employé** — *shop assistant*
- **vitrine** — *display, shop window*

Ne pas confondre !

- Le *department store* propose de nombreux produits regroupés dans des rayons différents.
- Le *supermarket* propose également des produits d'alimentation.
- Le *shopping centre* (ou *shopping mall*) est le regroupement de magasins spécialisés chacun dans un type de produit.
- Les *outlet stores* proposent des produits à prix réduits provenant de fins de séries ou liquidations.

S'orienter dans un magasin
Finding something in a store

- **Où est le rayon hommes ?**
  Where's the men's wear department?

- **À quel étage sont les vêtements pour enfants ?**
  On what floor are children's clothes?

- **Où puis-je trouver l'électroménager ?**
  Where can I find electronic goods?

- **Est-ce que vous vendez des piles ?**
  Do you sell batteries here?

- **Je cherche de la farine.**
  I am looking for flour.

- **Pourriez-vous m'indiquer le rayon surgelés ?**
  Could you tell me where the frozen food section is?

- **Avez-vous cet article en stock ?**
  Do you have this item in stock?

À la caisse
At the checkout

- **Réglez à la caisse.**
  Please pay at the counter.

- **Cette caisse est fermée.**
  This counter is closed.

- **Vous faites la queue ?**
  Are you in the queue?

- **Personne suivante, s'il vous plaît !**
  Next, please!

- **Pourrais-je avoir un ticket de caisse ?**
  Could I have a receipt?

- **Est-ce que vous avez une carte de fidélité ?**
  Do you have a loyalty card?

- **Vous voulez un sac ?**
  Would you like a bag?

- **Est-ce qu'il est garanti ?**
  Does it have a warranty?
  Does it come with a guarantee?

- **Il est garanti un an.**
  It comes with a one-year guarantee.

- **C'est pour offrir.**
  It's for a present.

- **Pouvez-vous me faire un paquet cadeau, s'il vous plaît ?**
  Can you gift-wrap it for me, please?

Les moyens de paiement
Means of payment

- **Vous payez comment ?**
  How would you like to pay for this?

- **Vous payez au comptant ou à crédit ?**
  Will that be cash or credit?

- **Ça fera 25 dollars.**
  That comes to $25.

- **Voilà 30 livres.**
  Here's £30.

- **Est-ce que vous acceptez les cartes ?**
  Do you take credit cards?

- **Puis-je payer par chèque ?**
  Can I pay by cheque?

- **Je n'ai qu'un billet de 20 livres.**
  I only have a 20-pound note.

- **Je n'ai pas grand-chose sur moi**
  I don't have much money on me.

- **Je vais payer en liquide / par carte.**
  I'll pay in cash / by card.

- **On n'accepte pas les cartes étrangères.**
  We don't take foreign cards.

- **Saisissez votre code, s'il vous plaît.**
  Enter your PIN number, please.
  (PIN = Personal Identification Number)

- **Vous pouvez retirer votre carte.**
  You can remove your card.

- **Voici votre monnaie.**
  Here is your change.

- **Gardez la monnaie.**
  You can keep the change.

- **Ne perdez pas le ticket de caisse !**
  Don't lose your receipt!

C'est cash !

Une question rituelle à la caisse aux États-Unis : *Cash or credit?* C'est-à-dire : « Vous payez en liquide ou par carte ? »

Et puis, une affichette que vous verrez souvent : *Cash and carry.* Vous payez, vous emportez... et vous pourrez peut-être *get a good price* / *get a discount*.

NE PAS CONFONDRE !

I have no money.	Je n'ai pas d'argent
I have no change.	Je n'ai pas de monnaie.

La vente
Retail

approvisionner	*supply with*
article	*article, an item*
comptoir	*counter*
détaillant	*retailer*
échantillon	*sample*
écouler le stock	*dispose of the stock*
emballer	*wrap*
exposer	*display*
fabriquer	*manufacture*
faire l'inventaire	*take stock*
fait sur commande	*made to order*
fournisseur	*supplier*
grossiste	*wholesaler*
inonder le marché	*flood the market*
pénurie	*shortage*
produire	*produce*
se plaindre de	*complain about*
service après-vente	*after-sales service*
succursale	*branch*
surproduction	*overproduction*
vente au détail / en gros	*retail / wholesale trade*

■ La vente par correspondance
Mail order

• à la livraison	*on delivery*
• annuler	*cancel*
• bon de commande	*order form*
• catalogue	*catalogue*
• conditionnement	*packaging*
• en stock	*in stock*
• épuisé	*out of stock*
• frais de port et d'emballage	*postage and packing*
• livraison en 24 heures	*overnight delivery*
• paiement à la commande	*cash with order*
• passer commande	*give an order for*
• prendre livraison	*take delivery of*
• respecter le délai de livraison	*keep the delivery time*

■ Les soldes
Sales

- **Ce produit est-il soldé ?**
  Is this item on sale?

- **C'est en solde, il ne peut donc être ni repris ni échangé.**
  It's on sale so there are no refunds or exchanges.

- **Offre spéciale.**
  Special offer.

- **Vous me faites une petite réduction ?**
  Can you give me a little discount?

- **Un produit offert pour un acheté.**
  Buy one get one free.

- **Nous vous proposons un crédit gratuit de six mois sans acompte.**
  We are offering six months free credit with no deposit.

Les soldes à Londres

Elles attirent les foules dès la mi-décembre.
I got a good price for this bag. It was on sale.
J'ai eu ce sac à un bon prix. Il était en soldes.

■ Le service après-vente
After-sales service

- **Il y a quelque chose qui ne va pas.**
  There's something wrong.

- **Je voudrais rapporter ceci.**
  I'd like to return this.

- **Je voudrais échanger ceci pour une autre taille.**
  I'd like to change this for a different size.

- **Pourrais-je être remboursé ?**
  Could I have a refund?

- **Avez-vous votre facture ?**
  Have you got the receipt?

- **Vous allez pouvoir le réparer ?**
  Will you be able to repair it?

- **Combien de temps cela va-t-il prendre ?**
  How long will it take?

- **Je peux vous le faire tout de suite.**
  I can do it straightaway.

- **Ce sera prêt d'ici demain.**
  It'll be ready by tomorrow.

- **Ça ne vaut pas le coup de faire la réparation.**
  It's not worth repairing.

- **Pourrais-je parler au responsable ?**
  Could I speak to the manager?

- **Est-ce que vous faites les retouches ?**
  Do you do alterations?

- **Pourriez-vous raccourcir / rallonger ce pantalon de deux centimètres ?**
  Could you take these trousers up / down one inch?

Au centimètre près

1 inch : un peu plus de 2,5 cm.

À l'épicerie
At the grocer's

- **Désolé, nous n'en avons plus.**
  Sorry, we don't have any left.

- **Ce n'est pas ce que je cherche.**
  It's not what I'm looking for.

- **Vous l'avez en magasin ?**
  Do you have it in stock?

- **Vous en voulez combien ?**
  How much would you like? (+ singulier)
  How many would you like? (+ pluriel)

- **300 grammes, 2 livres.**
  300 grams, 2 pounds.

- **Un demi-kilo.**
  Half a kilo.

Les poids en Angleterre

1 ounce (oz) = +/− 30 g
1 pound (lb) = +/− 450 g
1 stone (st) +/− 6 kg

> ### How much ou how many?
>
> - Pour interroger sur une quantité indénombrable, on utilisera le pronom interrogatif *how much*.
>   Quelle quantité de fromage désirez-vous ? — 1 livre.
>   *How much cheese do you want? — 1 pound.*
> - Pour interroger sur un nombre, on choisira *how many*.
>   Combien d'oranges désirez-vous ? — 5.
>   *How many oranges do you want? — 5.*

> ### Les quantités
>
> Un morceau de gâteau.
> *A piece of cake.*
> Une tranche de jambon.
> *A slice of ham.*
> Un kilo de pêches.
> *A kilo of peaches.*
>
> Une boîte de thon.
> *A tin of tuna.*
> Un paquet de biscuits.
> *A packet of biscuits.*
> Des olives.
> *Some olives.*

■ À la poste
At the post office

- **Le bureau de poste sera-t-il ouvert demain ?**
  Will the post office be open tomorrow?

- **C'est combien pour envoyer une lettre en France ?**
  How much does it cost to send a letter to France?

- **Trois timbres à 40 pence, s'il vous plaît.**
  Three 40p stamps, please.

- **Où est la boîte aux lettres ?**
  Where is the post box?

- **À quelle heure est la prochaine levée ?**
  What time is the next collection?

- **Voulez-vous me peser ce colis, s'il vous plaît ?**
  Will you weigh this parcel for me, please?

- **C'est combien pour envoyer une lettre aux États-Unis ?**
  How much is it to send a letter to the United States?

- **Voulez-vous l'envoyer par avion ?**
  Do you want to send it by airmail

- **En recommandé avec accusé de réception**
  Registered with recorded delivery.

L'argent
Money

■ Ce que l'on en fait
What you do with it

- **dépenser** — *spend*
- **devoir** — *owe*
- **donner** — *donate*
- **emprunter** — *borrow*
- **épargner** — *save*
- **faire faillite** — *go bankrupt*
- **gagner (loterie)** — *win*
- **gagner (salaire)** — *earn*
- **gaspiller** — *waste*
- **payer** — *pay*
- **prêter** — *lend*
- **rembourser** — *pay back*
- **retirer** — *withdraw, take out*

Un sujet qui n'est pas tabou

Certes, parler d'agent n'est plus tout à fait considéré comme inconvenant en France, mais nous restons quand même discrets. En revanche, ne soyez pas choqué si un Américain vous demande combien vous gagnez. L'argent est signe de réussite, donc récompense le travail, et il est respecté comme tel dans la pure tradition protestante qui est le fondement de la civilisation américaine.

Comment joindre les deux bouts ?

Les anglophones ont une expression identique :
She finds it difficult to make ends meet.
Elle a du mal à joindre les deux bouts.

■ Richesse et pauvreté
Richesse and poverty

• aisé	*well off*
• avare	*mean*
• dépensier	*extravagant*
• fauché	*broke, hard up*
• généreux	*generous*
• pauvre	*poor*
• prospère	*prosperous*
• riche	*affluent, rich, wealthy*

À court d'argent ?

Il existe beaucoup d'expressions pour cette situation bien commune :
- *I ran out of money.*
  Je me suis retrouvé à court d'argent
- *I was broke. / I was down and out.*
  J'étais complètement fauché.
- *He is pennyless.*
  Il n'a pas un sou.
- *They are in the red.*
  Ils sont dans le rouge.

Un idiome bien joli !

I feel like a million dollars today.
Je me sens en pleine forme.

Il a de la chance !

He was born with a silver spoon in his mouth and never had to work in his life.
Littéralement : Il est né avec une cuillère d'argent dans la bouche – c'est-à-dire dans une famille riche – et il n'a jamais été obligé de travailler de toute sa vie.

■ L'argent que l'on gagne
Earning

- **augmentation** — *rise*
- **frais de déplacement** — *travel expenses*
- **honoraire** — *fee*
- **prime** — *bonus*
- **revenus** — *earnings, income*
- **salaire** — *salary, wage*

■ À la banque
At the bank

- **accorder** — *grant*
- **billet** — *bank note*
- **caissier** — *cashier*
- **chèque** — *check*
- **compte en banque** — *bank account*
- **cours du change** — *exchange rate*
- **crédit** — *mortgage*
- **dette** — *debt*
- **distributeur d'argent** — *ATM / cash machine*
- **économies** — *savings*
- **liquide** — *cash*
- **monnaie** — *currency*

L'ARGENT

- **monnaie (petite)** — *change (small)*
- **pièce de monnaie** — *coin*
- **prêt** — *loan*
- **relevé de compte** — *bank statement*
- **retirer** — *withdraw, take out*

Deux mots pour la monnaie

- *Currency* : les monnaies financières (le dollar, la livre sterling, etc.).
- *Change* : la monnaie que vous rend le commerçant.

Do you have change?

Avez-vous de la monnaie ?

NE PAS CONFONDRE !

- *earn money* : gagner de l'argent en travaillant ;
- *win money* : gagner de l'argent au jeu ou à la loterie.

PARTIE VIII
Au travail

L'économie
Au travail
Le lieu de travail
Les métiers
L'éducation
Les relations au travail

L'économie
Economics

■ Les mots de l'économie
Economics words

• **améliorer**	*improve*
• **améliorer (s')**	*get better*
• **augmenter, augmentation**	*increase*
• **avoir les moyens de**	*afford*
• **biens**	*goods*
• **commerce**	*trade, business*
• **croissance**	*growth*
• **déclin**	*decline*
• **diminuer, diminution**	*decrease, fall*
• **endetté (être)**	*in debt (be)*
• **être en baisse**	*be on the decline*
• **être en hausse**	*be on the increase*
• **florissant**	*thriving*
• **impôt sur le revenu**	*income tax*
• **manquer, manque**	*lack*
• **marchandises**	*goods*
• **niveau de vie**	*standard of living*
• **priver de**	*deprive of*

AU TRAVAIL

- **qualité de vie** — *quality of life*
- **répandu** — *widespread*
- **soutenir, soutien** — *support*
- **subvention** — *subsidy*
- **taux d'intérêt** — *interest rate*
- **taxer, taxe** — *tax*
- **tendance** — *tendency*

Les soubresauts de l'économie

A booming / thriving economy.	Une économie florissante.
A recession.	Une récession.
The economic recovery.	La reprise de l'économie.
An economic crisis.	Une crise économique.

■ Les pauvres et les riches
The rich and the poor

- **à l'aise** — *well-off*
- **affligé** — *distressed*
- **aisé** — *well-off*
- **analphabète, illettré** — *illiterate*
- **analphabétisme** — *illiteracy*
- **dénuement (dans le)** — *destitute*
- **dette, endettement** — *debt*

L'ÉCONOMIE

- **devoir** — *owe*
- **faim** — *hunger*
- **nourrir de (se)** — *live on*
- **pauvreté** — *poverty*
- **misère** — *misery*
- **planning familial** — *family planning*
- **privation** — *hardship*
- **récolte** — *crop, harvest*
- **revenu** — *income*
- **riche** — *rich, wealthy*
- **souffrir de** — *suffer from*

Les chats s'engraissent !

The fat cats who run the City…
Les gros richards qui dirigent la City…

■ L'entreprise
The company

- **affaires (les)** — *business*
- **bénéfice, profit** — *profit*
- **client** — *customer*
- **commander, commande** — *order*
- **commerce** — *trade, business*

AU TRAVAIL

• **coût**	*cost*
• **demande**	*demand*
• **entreprise**	*business*
• **exporter, exportation**	*export*
• **fabriquer, fabrication**	*manufacture*
• **formation**	*training*
• **fournir**	*provide*
• **frais (les)**	*costs*
• **gamme**	*range*
• **gérer**	*manage, run*
• **importer, importation**	*import*
• **impôt**	*tax*
• **industriel**	*industrial*
• **lancer, lancement**	*launch*
• **livraison, distribution**	*delivery*
• **livrer**	*deliver*
• **marchandises**	*goods*
• **perte**	*loss*
• **produit**	*product*
• **rabais**	*discount*
• **usine**	*factory* (UK), *plant* (US)
• **vente**	*sale*
• **vente au détail**	*retail sale*
• **vente en gros**	*wholesale*

L'ÉCONOMIE

> ### Un mot bien pratique
> Vous pouvez utiliser le mot *company* pour traduire tous ces mots français : société, établissement, compagnie, entreprise.

■ Les échanges
Exchanges

- **balance commerciale** — *balance of trade*
- **déficit commercial** — *trade gap*
- **dépense** — *expenditure*
- **économie planifiée** — *planned economy*
- **libre échange** — *free trade*
- **libre entreprise** — *free enterprise*
- **marché du travail** — *job market*
- **marque** — *brand*
- **mondialisation** — *globalization*
- **monnaie** — *currency*
- **signer un accord** — *sign an agreement*
- **tertiaire** — *service industries*

> ### Une solution enviable
> *It was a win-win situation.* C'était une situation gagnant-gagnant (tout le monde y trouve son bénéfice).

Au travail
At work

■ Le personnel
The staff

• cadre moyen	*middle manager*
• cadre supérieur	*senior executive*
• col-bleu / blanc	*blue / white collar worker*
• direction, gestion	*management*
• emploi	*job*
• employé(e)	*employee*
• employer	*employ*
• employeur	*employer*
• formation	*training*
• gérer	*manage, run*
• homme / femme d'affaires	*businessman / woman*
• main-d'œuvre	*workforce*
• ouvrier	*worker*
• patron	*boss*
• P-DG	*managing director*
• personnel	*staff*
• président	*chairman*

- **propriétaire** — *owner*
- **réunion** — *meeting*
- **syndicat** — *trade union*

■ Les conditions de travail
Working conditions

- **avantages** — *perks*
- **bien payé / mal payé** — *well-paid / ill-paid*
- **boulot** — *job*
- **carrière** — *career*
- **congé** — *leave, holiday*
- **congé de maladie** — *sick leave*
- **congé de maternité** — *maternity leave*
- **faire un stage** — *go on a course*
- **former** — *train*
- **grève** — *strike*
- **horaires** — *hours of work*
- **métier** — *trade, profession*
- **mettre (se) en grève** — *go on strike*
- **prime** — *bonus*
- **profession libérale** — *profession*
- **promouvoir** — *promote*
- **SMIC** — *minimum wage*

- **voiture de service** — *company car*
- **salaire, traitement** — *salary, wages*
- **plein-temps (à)** — *full-time*
- **temps partiel (à)** — *part-time*

Le travail des étudiants

Beaucoup d'étudiants travaillent pour financer leurs études qui, aux États-Unis en particulier, sont souvent très chères.

jobs d'étudiants	*student jobs*
jobs d'été	*summer jobs*
jobs temporaires	*temporary jobs*
stages	*internships*

Un proverbe

All work and no play makes Jack a dull boy.
Trop de travail abrutit.

■ Chercher un emploi
Looking for a job

- **bonne présentation** — *good appearance*
- **boulot** — *job*
- **capacités** — *abilities*
- **compétences** — *skills*

AU TRAVAIL

- **connaissances** — *knowledge*
- **courte durée (de)** — *short-term*
- **culture générale** — *general education*
- **débutant** — *beginner*
- **demandeur d'emploi** — *job-seeker*
- **diplômé** — *qualified*
- **diplômes, qualifications** — *qualifications*
- **embaucher** — *take on, employ*
- **entretien** — *job interview*
- **expérimenté** — *experienced*
- **intérimaire** — *temporary (worker)*
- **offre d'emploi** — *job offer*
- **offrir** — *offer*
- **poste** — *post, position*
- **postuler pour** — *apply for*
- **projet** — *plan*
- **qualifié** — *qualified*
- **recrutement** — *recruitment*
- **recruter** — *recruit*
- **réinsertion** — *retraining*
- **rendez-vous** — *appointment*

Pour prendre contact avec un employeur
To get into contact with an employer

- **Suite à votre annonce parue dans…**
  Following your advertisement in…

- **Suite à notre conversation téléphonique…**
  Following our phone conversation…

- **En réponse à votre lettre du 2 mai.**
  In reply to your letter of the 2nd May.

- **Pourriez-vous confirmer…**
  Could you confirm…

- **Je vous ferai savoir…**
  I'll let you know…

Le chômage
Unemployment

• **allocation chômage**	*unemployment benefit*
• **au chômage**	*unemployed, out of work*
• **chiffres du chômage**	*unemployment figures*
• **chômeur**	*unemployed person*
• **courte durée (de)**	*short-term*
• **diminuer, diminution**	*decrease*
• **licenciement**	*redundancy*
• **licencier**	*lay off, fire*

- **longue durée (de)** — *long-term*
- **moyenne durée (de)** — *medium-term*
- **plan social** — *redundancy plan*
- **renvoyer** — *sack, fire*
- **supprimer** — *get rid of (jobs)*
- **surnombre (être en)** — *redundant (be)*

Le lieu de travail
The workplace

■ Le bureau
The office

• accueil	*reception*
• accueillir	*greet*
• appeler	*call*
• classer	*file, do the filing*
• comptes	*accounts*
• courrier électronique	*e-mail*
• dactylo (personne)	*short-hand typist*
• détaillé	*detailed*
• efficace	*efficient, effective*
• envoyer un courriel	*send an e-mail*
• envoyer, expédier	*send*
• faire un stage	*go on a course*
• faxer, le fax	*fax*
• interprète	*interpreter*
• interpréter	*to interpret*
• prendre des notes	*take notes*
• rédiger un rapport	*write / draw up a report*

• **réunion**	*meeting*
• **taper**	*type*
• **téléphoner à**	*telephone*
• **texto**	*text message*
• **traduction**	*translation*
• **traduire**	*translate*
• **travailler à l'expédition**	*work in despatch*
• **vidéoconférence**	*videoconference*

> **Le métier le plus courant au Royaume-Uni**
>
> Il y a environ 4 millions de personnes qui travaillent dans des bureaux au Royaume-Uni, un pays dont les services sont le pilier de la vie économique.

L'équipement du bureau
Office equipment

• **fournir**	*provide*
• **fournitures**	*office equipment*
• **informatique**	*information technology*
• **logiciel**	*software*
• **matériel**	*hardware*
• **ordinateur**	*computer*
• **photocopieur**	*photocopy*

- **photocopieuse** — *photocopier*
- **récepteur d'appel** — *pager*
- **rédaction (d'un rapport)** — *writing (of a report)*
- **télécopieur, fax** — *fax machine*
- **téléphone** — *telephone*
- **téléphone portable** — *mobile, cell phone*
- **traitement de texte** — *word processing*

À l'usine
In a factory

- **atelier** — *workshop*
- **bidon** — *can*
- **chaîne d'assemblage** — *assembly line*
- **contremaître** — *foreman*
- **entretenir** — *maintain*
- **faire fonctionner** — *operate*
- **fonctionner** — *work*
- **fondre** — *smelt*
- **graisse, huile** — *oil*
- **haut fourneau** — *furnace*
- **machine-outil** — *machine tool*
- **matières premières** — *raw materials*
- **moteur** — *engine, motor*

- **panne (être en)** — *break down*
- **panneau de contrôle** — *control panel*
- **percer, forer** — *drill*
- **piloté par ordinateur** — *computer controlled*
- **pompe** — *pump*
- **réparer** — *repair*
- **robot** — *robot*
- **système, engin** — *device*
- **usine métallurgique** — *ironworks, iron plant*

Les ingénieurs

Tandis que le mot « ingénieur » en France se réfère à une qualification précise, le mot *engineer* désigne à la fois des techniciens qualifiés et des ingénieurs.

Dans le commerce
In commerce

- **acheter** — *purchase, buy*
- **caisse** — *check-out*
- **caissier** — *cashier*
- **client** — *customer*
- **commander, commande** — *order*
- **concessionnaire (auto)** — *car dealer*

Le lieu de travail

- **distribuer** — *deal in*
- **emballer, conditionner** — *package*
- **entrepôt** — *warehouse*
- **étiquette** — *label, price tag*
- **facture** — *invoice*
- **faire le commerce de** — *trade in*
- **garantie** — *guarantee*
- **grossiste** — *wholesaler*
- **livrer** — *deliver*
- **magasin (grand)** — *(department) store*
- **magasin, boutique** — *shop*
- **manipuler** — *handle*
- **plainte** — *complaint*
- **prix** — *price*
- **soldes** — *sales*
- **vendre** — *sell*
- **vente** — *sale*
- **vitrine** — *shop window*

■ Dans la construction
In the building industry

- **béton** — *concrete*
- **brique** — *brick*

AU TRAVAIL

- **chantier** — *building site*
- **chef de chantier** — *foreman*
- **construire** — *build*
- **creuser** — *dig, excavate*
- **démolir** — *demolish, pull down*
- **échafaudage** — *scaffolding*
- **entrepreneur** — *contractor*
- **marteau-piqueur** — *drill*
- **pierre** — *stone*
- **poser les fondations** — *lay the foundations*

Les métiers
Jobs

■ Les métiers (A à C)
Jobs (A to C)

• **acteur / actrice**	*actor / actress*
• **agent de voyage**	*travel agent*
• **architecte**	*architect*
• **artisan**	*craftsman*
• **avocat**	*solicitor*
• **banquier**	*banker*
• **bijoutier**	*jeweler*
• **boucher**	*butcher*
• **boulanger**	*baker*
• **cadre**	*executive*
• **caméraman**	*TV cameraman*
• **chauffeur de bus / taxi**	*bus / taxi driver*
• **chef**	*chef*
• **chef de service**	*manager*
• **chirurgien**	*surgeon*
• **coiffeur**	*hairdresser*
• **comptable**	*accountant*
• **cordonnier**	*shoemaker*

• **courtier**	*broker*
• **cuisinier**	*cook*

> ### Je suis cuisinier
> *I am a cook. He is a teacher.*
> Je suis cuisinier. Il est professeur.
> Attention, en anglais, on met l'article *a/an* devant le nom du métier.

■ Les métiers (D à J)
Jobs (D to J)

• **décorateur**	*decorator*
• **dentiste**	*dentist*
• **designer**	*designer*
• **directeur d'école**	*head teacher*
• **directeur de société**	*company director*
• **éboueur**	*garbage man*
• **écrivain**	*writer*
• **éditeur**	*editor*
• **électricien**	*electrician*
• **employé de bureau**	*clerk*
• **esthéticienne**	*beautician*
• **fermier**	*farmer*

Les métiers

- **fonctionnaire** — *civil servant*
- **gardien** — *caretaker*
- **gardien de prison** — *prison officer / warder*
- **horloger** — *watchmaker*
- **imprimeur** — *printer*
- **infirmier / infirmière** — *nurse*
- **journaliste** — *journalist*
- **juge** — *judge*
- **juriste** — *lawyer*

Les artisans

- *Skilled workman, tradesman / tradeswoman.* Artisan / artisane.
- *Craftsman / craftswoman, artisan* (US). Artisan d'art / artisane d'art.

Les métiers (M à P)
Jobs (M to P)

- **maçon** — *builder*
- **marin** — *sailor*
- **mécanicien** — *mechanic*
- **médecin** — *doctor*
- **menuisier** — *carpenter*
- **metteur en scène** — *film director*

AU TRAVAIL

- **mineur** — *miner*
- **musicien** — *musician*
- **officier de police** — *police officer*
- **opérateur** — *operator*
- **opticien** — *optician*
- **pêcheur** — *fisherman*
- **peintre** — *painter*
- **pharmacien** — *pharmacist*
- **photographe** — *photographer*
- **pilote** — *pilot*
- **plombier** — *plumber*
- **policier** — *policeman*
- **pompier** — *fire fighter*
- **porteur** — *porter*
- **présentateur de télé** — *news presenter*
- **professeur** — *teacher*
- **professeur (université)** — *professor*
- **programmeur** — *computer operator*

> ### Masculin féminin
> - Les noms qui comportent le mot *man* peuvent être mis au féminin en remplaçant *man* par *woman* :
>   *A cameraman / a camerawoman.*
> - Certains mots qui se terminent par *–er* ont un féminin en *–ess* :
>   *Actor / actress.*   Acteur / actrice.
> - On peut toujours faire précéder les noms par le mot *woman* :
>   *A woman doctor.*   Une doctoresse.

Les métiers (R à V)
Jobs (R to V)

- **réceptionniste**   *receptionist*
- **secrétaire**   *assistant, secretary*
- **secrétaire de direction**   *personal assistant*
- **serveur / serveuse**   *waiter / waitress*
- **soldat**   *soldier*
- **steward / hôtesse de l'air** *flight attendant*
- **tailleur**   *tailor*
- **vendeur / vendeuse**   *salesman / saleswoman, shop assistant*
- **vétérinaire**   *vet*

L'éducation
Education

■ Le système éducatif
The education system

- **apprenti** — *apprentice*
- **bourse** — *scholarship*
- **collège** — *secondary school* (UK), *junior high school* (US)
- **cours** — *tuition*
- **discipline** — *discipline*
- **doué** — *gifted*
- **droits d'inscription** — *registration fee*
- **école maternelle** — *nursery school*
- **école privée** — *boarding school*
- **éducation** — *education*
- **enseignement à domicile** — *homeschooling*
- **établissement d'enseignement supérieur** — *college*
- **facultatif** — *elective*
- **illettré** — *illiterate*
- **lycée** — *high school*
- **lycée professionnel** — *vocational school*

- **obligatoire** — *compulsory*
- **option** — *optional subject*
- **parascolaire** — *extracurricular*
- **programme** — *curriculum*
- **punition** — *punishment*
- **récréation** — *break*
- **stage** — *internship, placement*
- **uniforme** — *uniform*
- **université** — *university*

Le collège

Se dit *junior high school* aux États-Unis.

Attention au mot *college*, qui est un faux ami. Il signifie établissement d'enseignement supérieur.

Les gens
People

- **conseiller d'éducation** — *counselor*
- **délégué** — *student representative*
- **diplômés** — *graduates*
- **directeur** — *head teacher*
- **éducateur spécialisé** — *youth worker*

L'ÉDUCATION

- **élève** — *pupil, student*
- **étudiant** — *student, undergraduate*
- **personnel** — *staff*
- **principal** — *principal*
- **professeur** — *teacher*
- **proviseur** — *head master*
- **surveillant** — *supervisor*
- **tuteur** — *tutor*

Pour commencer la journée à l'école

La journée de cours dans les écoles britanniques commence généralement par *the assembly* : les élèves se réunissent dans le hall pour être informés par le *head master* (proviseur) des actualités de l'école.

Dans la classe
In the classroom

- **appel** — *registration*
- **apprendre** — *learn*
- **cahier** — *copybook*
- **casier** — *locker*
- **craie** — *chalk*
- **devoir a la maison** — *homework*
- **effets scolaires** — *school items*

- **enseigner** — *teach*
- **leçon** — *lesson*
- **rétroprojecteur** — *OHP (overhead projector)*
- **tableau** — *board*
- **trimestre** — *term*
- **uniforme** — *uniform*
- **vacances** — *holidays*
- **vidéoprojecteur** — *videoprojector*

Les uniformes

Beaucoup d'écoles britanniques perpétuent la tradition de l'uniforme, des plus petites classes jusqu'au secondaire.

Les garçons portent chemise, cravate et blazer, les filles un chemisier blanc et une jupe. Plus les élèves avancent dans le système scolaire et plus les règles vestimentaires s'assouplissent.

Les examens
Exams

- **consigne** — *instruction*
- **copie** — *paper*
- **corriger des copies** — *mark / grade papers*
- **diplôme** — *diploma*
- **diplôme universitaire** — *degree*

L'ÉDUCATION

- **évaluation** — *assessment*
- **évaluer** — *assess*
- **examen** — *examination*
- **exercice** — *exercise*
- **note** — *mark* (UK), *grade* (US)
- **questionnaire** — *quiz*
- **rater** — *fail*
- **relire (se)** — *proofread*
- **remise des diplômes** — *graduation*
- **réussir** — *pass*
- **tâche** — *task*
- **test** — *test*

CGSE

Le *General Certificate of Secondary Education* est un diplôme passé par les élèves britanniques à partir de l'âge de 16 ans. Ils peuvent, une fois ce diplôme obtenu, soit continuer leurs études, soit entrer dans la vie active.

Le *high school diploma*

Il n'y a pas de diplôme fédéral américain, chaque école décernant son propre diplôme de fin d'études obligatoires. L'obtention de ce diplôme, qui est remis solennellement au cours d'une cérémonie, *high school graduation*, marque pour les jeunes Américains le passage à la vie adulte.

Les disciplines
School subjects

- **algèbre** — *algebra*
- **allemand** — *German*
- **anglais** — *English*
- **biologie** — *biology*
- **chimie** — *chemistry*
- **dessin, arts plastiques** — *art*
- **économie** — *economics*
- **économie familiale** — *home economics*
- **écriture** — *writing*
- **éducation à la santé** — *health*
- **français** — *French*
- **géographie** — *geography*
- **géologie** — *geology*
- **géométrie** — *geometry*
- **histoire** — *history*
- **informatique** — *computer science, ICT*
- **lecture** — *reading*
- **littérature** — *literature*
- **mathématiques** — *mathematics*
- **musique** — *music*
- **physique** — *physics*

- **sciences et vie de la Terre (SVT)** *science*
- **sciences économiques et sociales (SES)* *social studies*
- **sports (EPS)* *physical education (PE)*

Les *A-levels*

Pour entrer à l'université, les jeunes Britanniques doivent justifier de l'obtention de trois ou quatre *A-levels* à l'issue de leurs deux dernières années d'éducation secondaire. Ils choisissent donc trois ou quatre matières, qu'ils décident de présenter à l'examen en fonction de l'université dans laquelle ils ambitionnent de continuer leurs études.

■ Les lieux de l'école
School places

- **bibliothèque** *library*
- **bureau** *office*
- **campus** *campus*
- **cantine** *cafeteria*
- **cour de recréation** *playground*
- **école** *school*
- **gymnase** *gym*
- **laboratoire** *lab*
- **piscine** *swimming pool*

Au travail

- **salle de classe** — *classroom*
- **salle des professeurs** — *teacher's room, staff room*
- **terrain de baseball** — *baseball field*
- **terrain de football** — *soccer field*
- **toilettes** — *bathroom*
- **vestiaire** — *locker room*

Ne pas confondre !

La bibliothèque, *library*, et la librairie, *bookshop*.

Les relations au travail
Relationships at the workplace

■ Que faites-vous ?
What do you do?

- **Quelle est votre profession ?**
  What is your occupation?

- **Je suis programmeur.**
  I am a computer analyst.

- **Je suis infirmier(ère).**
  I am a nurse.

- **Je suis assistante sociale.**
  I am a social worker.

- **Je dirige ma propre affaire.**
  I run my own business.

- **Je suis retraité.**
  I am retired.

> **NE PAS CONFONDRE !**
>
> - Une demande qui porte sur le métier :
>   *What do you do? — I am a teacher.*
>   Que faites-vous ? — Je suis professeur.
> - Une demande qui porte sur ce que vous faites en ce moment :
>   *What are you doing? — I am revising my English.*
>   Que faites-vous ? — Je révise mon anglais.

▪ Communiquer avec ses supérieurs
Communicating with superiors

> **Le registre de langue**
>
> Le registre de langue employé avec les supérieurs hiérarchiques est souvent beaucoup plus formel que celui de la conversation familiale.

- **Bonjour, monsieur. Puis-je vous poser une question ?**
  Good morning, Mr Jones, may I ask you a question?

- **Certainement. En quoi puis-je vous aider ?**
  Certainly, how can I help you?

- **Il semble que nous ayons un problème avec ce compte.**
  We seem to be having a problem with this account.

- **Il faudrait que nous nous réunissions pour en parler.**
  We'd better get together to discuss the situation.

- **Est-ce que 16 heures vous irait ?**
  Would 4 o'clock suit you?

- **Excusez-moi. Pourriez-vous me donner l'heure ?**
  Pardon me. Do you think you could give me the time?

- **Certainement. Il est midi et demi.**
  Certainly, it's twelve thirty.

- **Pourriez-vous m'aider dans ce dossier ?**
  Do you think you could help me with this?

- **Bien sûr, avec plaisir.**
  I'd be happy to help you.

Les bons usages

On s'adresse à quelqu'un en l'appelant *Mr Jones* ou *Mrs Truman*, ce qui serait mal venu en français – on dit seulement « Bonjour, monsieur » ou « Bonjour, madame ».

Notons toutefois que l'ambiance est souvent beaucoup plus décontractée aux États-Unis, où il n'est pas rare que tout le monde s'appelle par son prénom.

■ Conduire une réunion
Holding a meeting

- **Bonjour tout le monde.**
  Good morning / afternoon, everyone.

- **Nous allons commencer.**
  Let's get started.

- **Nous avons le plaisir d'accueillir Mme Delan, d'ABC.**
  We're pleased to welcome Mrs Delan from ABC.

- **Je voudrais vous présenter Mme Delan.**
  I'd like to introduce Mrs Delan.

- **Jill, pourriez-vous prendre les notes aujourd'hui ?**
  Jill, would you mind taking notes today?

- **Je suggère que nous commencions par un tour de table.**
  I suggest we go round the table first.

- **Donc, commençons avec le point numéro 1.**
  So, let's start with item number 1.

- **Thomas, pouvez-vous présenter ce premier point ?**
  Thomas, could you introduce this item?

- **Je vais résumer les points principaux.**
  Let me just summarize the main points.

- **Pour résumer,… / En bref,…**
  To sum up,…. In brief,…

- **Pouvons-nous fixer la date de la prochaine réunion ?**
  Can we set the date for the next meeting?

- **Merci à tous d'être venus.**
  Thank you all for attending.

- **La réunion est terminée.**
  The meeting is closed.

■ Participer à une réunion
Participating in a meeting

- **Je suis certain(e) que…**
  I'm positive that… / I (really) feel that…

- **À mon avis,…**
  In my opinion…

- **Je vois ce que vous voulez dire.**
  I see what you mean.

- **Je suis totalement d'accord avec vous.**
  I totally agree with you.

- **Désolé(e), je ne peux pas être d'accord.**
  I'm afraid I can't agree.

- **Ai-je été clair(e) ?**
  Have I made that clear?

- **J'aimerais que vous m'écoutiez.**
  I'd like you to listen to me.

- **Désolé, je n'ai pas compris. Pourriez-vous répéter ?**
  I'm afraid I didn't understand that. Could you repeat?

- **Je ne vois pas ce que vous voulez dire. Pourrions-nous avoir plus de détails ?**
  I don't see what you mean. Could we have some more details, please?

- **Pourriez-vous épeler cela pour moi, s'il vous plaît ?**
  Would you mind spelling that for me, please?

- **Désolé(e), je pense que vous n'avez pas compris ce que je voulais dire.**
  Sorry, I think you misunderstood what I said.

Partie IX
Se distraire

Les vacances et le tourisme
Les loisirs
Le sport

Les vacances
Holidays (GB), vacation (US)

- **En vacances**
  On holiday
  - **agence de voyage** — *travel agency*
  - **aller à l'étranger** — *go abroad*
  - **aller en vacances** — *go on holiday*
  - **bondé** — *packed*
  - **choses à voir** — *sights*
  - **congé** — *short break*
  - **croisière** — *cruise*
  - **descendre chez des amis** — *stay with friends*
  - **foule** — *crowd*
  - **hébergement** — *accomodation*
  - **jour de congé** — *day off*
  - **pays étranger** — *foreign country*
  - **piège à touriste** — *tourist trap*
  - **queue** — *queue*
  - **rendre visite à** — *visit*
  - **reposer (se)** — *rest*
  - **s'amuser** — *have a good time*
  - **se plaindre** — *make a complaint*

- **semaine de congé** — *week off*
- **station touristique** — *holiday resort*
- **touristique** — *touristy*
- **vacances scolaires** — *school holidays*
- **vie nocturne** — *nightlife*
- **voyager** — *travel*

Vacances ou jour férié ?

Aux États-Unis, on parle de *vacation* (mais on a moins de vacances que les Européens).

Le mot *holiday* correspond à nos jours fériés.

Parler de vacances
Holiday talk

- **Êtes-vous allé à l'étranger ?**
  Have you been abroad?

- **Nous avons l'intention d'aller en Floride cet été.**
  We're planning to go to Florida this summer.

- **Combien de temps y resterez-vous ?**
  How long will you stay?

- **Nous avons pris un circuit organisé.**
  We took a package tour.

- **Aimeriez-vous faire une croisière ?**
  Would you like to take a cruise?

> ### Les mots du voyage
>
> Il existe plusieurs mots pour parler des voyages en anglais.
>
> • *Trip* : pour un déplacement conséquent dû à des motifs importants.
> *For our wedding anniversary, we went on a **trip** to Venice.*
> Pour notre anniversaire de mariage, nous avons fait un voyage à Venise.
>
> • *Journey* : pour un déplacement en général court et sans importance.
> *Did you have a nice **journey**?*
> As-tu fait bon voyage ?
>
> • *Travel* : terme très général pour parler des déplacements.
> *This agency sells interesting **travels** to Spain.*
> Cette agence vend des voyages très intéressants pour l'Espagne.

Les vacances d'hiver
Winter holidays

• **après-ski**	*snow boots*
• **bonhomme de neige**	*snow man*
• **bonnet**	*hat*
• **cabine**	*gondola*
• **chasse-neige**	*snow plough*
• **écharpe**	*scarf*

• **ensemble de ski**	*ski suit*
• **faire du patin**	*skate*
• **forfait**	*ski pass*
• **gants**	*gloves, mittens*
• **lunettes de ski**	*ski goggles*
• **moto-neige**	*snow mobile*
• **neige**	*snow*
• **patinoire**	*skating ring, ice ring*
• **patins à glace**	*ice skates*
• **pente**	*slope*
• **piste de ski**	*ski run*
• **ski alpin**	*downhill skiing*
• **ski de fond**	*cross-country skiing*
• **station de ski**	*ski resort*
• **télésiège**	*chair lift*

Où faire du ski ?

Quelques stations de sports d'hiver attirent les sportifs en Écosse, dans les Highlands – notamment à Glencoe. Mais les Britanniques sont nombreux à préférer les Alpes !

À la mer
At the seaside

• algue	*seaweed*
• bigorneau	*sea snail*
• bois flotté	*driftwood*
• bouée	*rubber ring*
• coquillage	*sea-shell*
• crabe	*crab*
• dunes de sable	*sand dunes*
• étoile de mer	*starfish*
• méduse	*jellyfish*
• mouette	*seagull*
• parasol	*umbrella*
• pavillon	*beach flags*
• phare	*lighthouse*
• piscine d'eau de mer	*ocean pool*
• plage	*beach*
• poste de surveillance	*lifeguard tower*
• rocher	*rock*
• sable	*sand*
• vague	*wave*

■ Les activités du bord de mer
Seaside activities

• baigner (se)	*bathe*
• bronzer	*tan*
• crème solaire	*sunscreen*
• maillot de bain	*swimsuit, bathing costume*
• nager	*swim*
• prendre un bain de soleil	*sunbathe*
• prendre un coup de soleil	*get sunburnt*
• slip de bain (hommes)	*trunks*

■ L'hébergement
Accomodation

• appartement	*apartment*
• auberge	*inn*
• auberge de jeunesse	*youth hostel*
• bungalow	*bungalow*
• chambre d'hôtes	*bed and breakfast*
• dortoir	*dormitory*
• hôte, hôtesse	*host, hostess*
• lits superposés	*bunk beds*
• manoir	*mansion*
• meublé	*furnished*

- **salle de bains** — *bathing facilities*
- **terrain de jeu** — *playground*

> ### Bed and breakfast
> Les Britanniques ont inventé cette forme d'hébergement bien avant que les Français ne découvrent les chambres d'hôtes. Dans toutes les villes et villages, les panneaux annoncent les B & B, parfois avec un écriteau amovible, *Vacancies* ou *No vacancies* (« Chambres libres » ou « Complet »). On partage souvent la salle de bains des hôtes qui vous recevront chaleureusement – sauf dans les endroits touristiques.

Le camping
Camping

- **aire de pique-nique** — *picnic area*
- **allumettes** — *matches*
- **anti-insectes** — *bug spray*
- **bouteille de gaz** — *gas bottle*
- **chaise pliante** — *folding chair*
- **couverture** — *rug, blanket*
- **glacière** — *cooler*
- **mât de tente** — *tent pole*
- **matelas gonflable** — *inflatable mattress*
- **panier de pique-nique** — *picnic basket*

• **parasol**	*umbrella*
• **piquet de tente**	*tent peg*
• **réchaud**	*cooking stove*
• **sac de couchage**	*sleeping bag*
• **table de pique-nique**	*picnic table*
• **table pliante**	*folding table*
• **tente**	*tent*
• **terrain de camping**	*camping site*
• **torche**	*flashlight*
• **caravane**	*caravan* (UK), *trailer* (US)
• **camping-car**	*dormobile, camper*

On lève le camp ?
- *break camp* : lever le camp
- *pitch camp* : planter sa tente

■ Réserver à l'hôtel
Making a reservation at the hotel

- **Je voudrais réserver une chambre pour une nuit.**
  I'd like to reserve a room for one night.

- **Auriez-vous une chambre libre pour deux personnes pour trois nuits ?**
  Would you have a double room available for three nights?

- **Est-ce qu'il vous reste des chambres ?**
  Do you have any vacancies?

- **Puis-je réserver une chambre pour ce soir ?**
  Can I book a room for tonight?

- **Nous n'avons plus qu'une chambre pour une personne.**
  We only have one single room left.

- **Combien coûte une chambre double ?**
  How much is a double room?

- **Lit double ou lits séparés?**
  Would you like a double bed or twin beds?

- **Une chambre fumeur ou non-fumeur ?**
  Would you like a smoking or non-smoking room?

- **Vous restez combien de temps ?**
  How long will you be staying?

- **Vous resterez combien de nuits ?**
  How many nights will you be staying?

- **À combien est la nuit ?**
  What's the room rate?

- **Le petit déjeuner est-il compris ?**
  Is breakfast included?

Arriver à l'hôtel
Checking in

- **Vous avez une réservation ?**
  Do you have a reservation?

- **Puis-je avoir votre nom et votre numéro de téléphone ?**
  May I have your name and phone number?

- **Pourriez-vous compléter cette fiche, s'il vous plaît ?**
  May I ask you to fill in this form for me please?

- **J'ai une réservation au nom de Martin.**
  I have a reservation under the name of Martin.

- **Bonjour, j'ai réservé une chambre.**
  Hi, I'd like to check in. I have a reservation.

- **Voici votre clé. Vous avez la chambre 253.**
  This is your key. You will be in room 253.

- **Votre chambre est au premier étage. Vous pouvez prendre l'ascenseur sur votre gauche.**
  Your room is on the second floor. You can use the lift on your left.

- **À quelle heure est le petit déjeuner ?**
  What time is breakfast served in the morning?

- **Y a-t-il une connexion Internet dans la chambre ?**
  Can I use the Internet in my room?

- **Il y a un coffre-fort dans chaque chambre.**
  There is a safe deposit box in each room.

- **Dois-je régler maintenant ou au moment du départ ?**
  Do I pay now or at checkout?

Ne vous perdez pas !

Tout le monde n'est pas d'accord sur la numérotation des étages !
Aux États-Unis, le rez-de-chaussée s'appelle *first floor*, mais *ground floor* en Grande-Bretagne.
Donc, bien évidemment, aux États-Unis, le premier étage s'appelle *second floor*, mais *first floor* en Grande-Bretagne. Et ainsi de suite !

La chambre d'hôtel
The hotel room

- **chambre double** *double room*
- **chambre familiale** *family room*
- **chambre simple** *single room*
- **chambres libres** *vacancies*
- **clé** *key*
- **complet** *no vacancies*
- **enregistrer (s')** *check in*
- **étage** *floor*
- **lit double** *double bed*
- **lit supplémentaire** *extra bed*

- **lits jumeaux** — *twin beds*
- **numéro de chambre** — *room number*
- **réception** — *reception*
- **réceptionniste** — *receptionist*
- **remplir un formulaire** — *fill in a form*
- **réserver** — *make a reservation*
- **réserver à l'avance** — *book in advance*

Les services d'hôtel
Hotel services

- **avec salle de bains** — *with bath*
- **blanchisserie** — *laundry*
- **boutique** — *gift shop*
- **cafétéria** — *coffee shop*
- **centre de mise en forme** — *fitness center*
- **change** — *money exchange*
- **femme de chambre** — *room maid*
- **groom** — *bellboy*
- **information** — *information desk*
- **kiosque à journaux** — *newsstand*
- **pourboire** — *tip*
- **réveil** — *morning call*

- **service** — *service charge*
- **service d'étage** — *room service*
- **salle du petit déjeuner** — *breakfast room*

Le service de chambre
Room service

- **On déballera nos valises plus tard.**
  We'll unpack our suitcases later.

- **Pourrais-je avoir un oreiller / une couverture supplémentaire ?**
  May I have an extra pillow / blanket, please?

- **Pourriez-vous faire monter une bouteille de champagne ?**
  Could you send a bottle of champagne up to my room?

- **Voulez-vous que je vous appelle un taxi ?**
  Would you like me to call a taxi for you?

- **Je voudrais être réveillé à 6 h 30, s'il vous plaît.**
  I'd like a wake-up call at 6:30, please.

- **Je vais appeler la réception et demander si on peut nous apporter des serviettes supplémentaires.**
  I'll call the front desk and ask if they can bring us some more towels.

Quitter l'hôtel
Checking out

- **Je voudrais signaler mon départ.**
  I would like to check out.

- **À quelle heure faut-il libérer la chambre ?**
  What time is checkout?

- **Nous espérons bien vous accueillir dans notre hôtel une autre fois.**
  We are looking forward to welcoming you again in our hotel

- **Puis-je laisser mes bagages ici pour les récupérer plus tard dans la journée ?**
  Can I leave my luggage here until later today?

Les bagages

Attention, le mot *luggage* ne s'emploie pas au pluriel. Il signifie « les bagages ». Si on veut parler d'un bagage, on dit *a piece of luggage*.

Les loisirs
Leisure

■ Le temps libre
Leisure time

- **aimer faire quelque chose** — *enjoy doing something*
- **distraction** — *entertainment*
- **faire une pause** — *take a break*
- **jouer** — *play*
- **jour de congé** — *day off*
- **passe-temps** — *pastime*
- **reposer (se)** — *relax, rest*
- **semaine de congé** — *week off*
- **temps libre** — *free time, spare time*

■ Préparer une sortie
Planning an outing

- **Vous êtes pris vendredi soir ?**
  Are you busy on Friday evening?

- **Voulez-vous venir avec nous au spectacle ?**
  Would you like to join us to the show?

- **Et si on allait au resto chinois après le spectacle ?**
  Why don't we go to a Chinese restaurant after the show?

- **Qu'est-ce que vous faites ce week-end ?**
  What are you doing this weekend?

- **Cela vous plairait de venir faire une randonnée avec nous ?**
  Would you like to come hiking with us?

Passer le temps

Spend time on doing something.
Passer du temps à faire quelque chose.
What do you do in your spare time?
Que faites-vous pendant vos loisirs ?

■ Les hobbies
Hobbies

- **collection de timbres**   *stamp collection*
- **collectionner**   *collect*
- **collectionneur**   *collector*
- **cuisine**   *cooking*
- **jeux d'ordinateur**   *computer games*
- **maquette**   *model*
- **maquette de bateau**   *model ship*
- **maquettisme**   *modeling*
- **numismatique**   *coin collecting*
- **ornithologie**   *bird watching*
- **pêche**   *fishing*

Un mot apparu avec Henry Ier

Le mot *hobby* date du XIIe siècle. Le roi Henry Ier avait un passe-temps favori. Il montait des *hobby horses* – de petits chevaux de course de la taille de poneys, originaires d'Irlande. Il passait beaucoup de temps à s'occuper de ses chevaux.

■ Parler de ses loisirs
Talking about one's hobbies

- **Quelle est votre activité de loisir favorite ?**
  What is your favourite leisure activity?

- **Qu'est-ce que vous aimez faire quand vous avez du temps libre ?**
  What do you enjoy doing in your spare time?

- **Y a-t-il des choses qui vous passionnent ?**
  Are there any hobbies you do?

- **J'aime bien dessiner et peindre.**
  I enjoy drawing and painting

- **J'adore les jeux de cartes.**
  I just love card games.

- **Elle passe beaucoup de temps à des travaux d'aiguille.**
  She spends a lot of time on needlework.

▪ **Les jeux**
Games

- **billard anglais** — *snooker*
- **dé** — *die*
- **échecs** — *chess*
- **dames** — *draughts* (UK), *checkers* (US)
- **jeu de l'oie** — *snakes and ladders*
- **jeux de plateau** — *board game*
- **jouer** — *play*
- **jouer (casino)** — *gamble*

▪ **Les jeux de cartes**
Card games

- **atout** — *trump*
- **carreaux** — *diamonds*
- **cartes** — *cards*
- **chance** — *luck*
- **cœurs** — *hearts*
- **distribuer** — *deal*
- **jeu de cartes** — *pack of cards*
- **mélanger** — *shuffle*
- **piques** — *spades*

- **reine** queen
- **roi** king
- **trèfles** clubs
- **valet** jack

> **NE PAS CONFONDRE !**
>
> *Chance* (le hasard) et *luck* (la chance).
> Good luck! Bonne chance !
> Bad luck! Pas de chance !
> A stroke of luck. Un coup de chance.

Les divertissements
Entertainment

- **bowling** bowling
- **divertir** entertain
- **jeu de fléchettes** darts
- **jeux vidéo** video games
- **jongler** juggle
- **jouer aux fléchettes** play darts
- **mots croisés** crossword puzzle
- **puzzle** jigsaw puzzle

Se distraire

■ Les loisirs créatifs
Creative hobbies

• **artisanat**	*arts and crafts*
• **broderie**	*embroidery*
• **coudre**	*sew*
• **couture**	*sewing*
• **dessin**	*drawing*
• **fabrication de bijoux**	*jewelry making*
• **photographie**	*photography*
• **poterie**	*pottery*
• **quilt**	*quilting*
• **scrapbooking**	*scrapbooking*
• **sculpture**	*sculpture*
• **tapisserie**	*tapestry*
• **travail du bois**	*woodworking*
• **travail du cuir**	*leatherwork*
• **travaux d'aiguille**	*needlework, knitting*
• **tricoter**	*knit*

Scrapbooking

Un loisir créatif qui nous vient des États-Unis. Il consiste à mettre ses photos en valeur dans des albums à l'aide de papier décoratif, d'autocollants, de rubans ou divers objets.

Le quilt américain

Une activité qui a ses racines dans l'époque coloniale des États-Unis. Les femmes de milieu aisé récupéraient des morceaux de tissus imprimés et les assemblaient pour en faire, parfois, de véritables œuvres d'art, utiles de surcroît.

Le sport
Sport

■ Au stade
At the stadium

• **applaudir**	*applaud, clap*
• **arbitre**	*referee, umpire*
• **battre**	*to beat*
• **championnat**	*championship*
• **chronomètre**	*stopwatch*
• **concurrent**	*contestant*
• **débutant**	*beginner*
• **défaite**	*defeat*
• **démarrer**	*start*
• **entraînement**	*practice*
• **entraîner (s')**	*practise*
• **entraîneur**	*trainer, coach*
• **équipe**	*team*
• **finale**	*final*
• **gagnant**	*winner*
• **gagner**	*win*
• **jeu**	*game, match*

Une nation de sportifs

Beaucoup de sports ont été inventés et codifiés par les Anglais ; par exemple, le football, le tennis, le golf et le rugby – sans oublier le traditionnel cricket, dont les règles restent un mystère pour qui n'est pas britannique.

• **joueur**	*player*
• **ligne d'arrivée**	*finish line*
• **marquer un point**	*score a point*
• **perdre**	*lose*
• **prix**	*prize*
• **prix de l'entrée**	*entry fee*
• **record du monde**	*world record*
• **règle**	*rule*
• **spectateur**	*spectator*
• **sportif / sportive**	*sportsman / sportwoman*
• **stade**	*stadium*
• **succès**	*success*
• **supporter**	*supporter*
• **tournoi**	*tournament*
• **victoire**	*victory*

> **Deux mots pour le même prix**
> - *Prize* traduit par « prix » dans le sens de « récompense ».
> - *Price* traduit par « prix » dans le sens de « prix à payer ».

> **À vos marques, prêt, partez !**
> Deux expressions :
> *On your marks, get set, go!*
> *Ready, steady, go!*

Parler de sports
Talking about sports

- **Quel sport pratiquez-vous ?**
  What sport do you do?

- **Que faites-vous pendant vos loisirs ?**
  What do you do in your spare time?

- **Vous êtes bon en tennis ?**
  Are you good at tennis?

- **Aimez-vous jouer au football ?**
  Do you like playing football?

- **Avez-vous déjà fait du ski ?**
  Have you ever been skiing?

Se distraire

- **Avez-vous déjà essayé le surf des neiges ?**
  Have you ever tried snowboarding?

- **Vous allez souvent à la piscine ?**
  How often do you go swimming?

- **Avec qui y allez-vous ?**
  Who do you go with?

- **Quels sports aimez-vous regarder à la télé ?**
  What sports do you like to watch on TV?

- **Quelle est votre équipe de foot favorite ?**
  What's your favorite football team?

■ Le football
Football / soccer

- **capitaine de l'équipe**   *team captain*
- **carton jaune**   *yellow card*
- **carton rouge**   *red card*
- **coup franc**   *free kick*
- **défense**   *defense*
- **entraîneur de foot**   *soccer coach*
- **faire une faute**   *commit a foul*
- **gardien de but**   *goalie, goalkeeper*
- **hors limite**   *out of bounds*
- **joueur de foot**   *soccer player*

• **marquer un but**	*score a goal*
• **mi-temps**	*halftime*
• **quart**	*quarter*
• **quart de finale**	*quarter-finals*
• **siffler**	*whistle*
• **stade de foot**	*soccer stadium*
• **tacler**	*tackle*
• **taper la balle**	*shoot*
• **terrain**	*ground, soccer pitch*

Deux mots pour un sport

Le *football* est le sport le plus populaire en Grande-Bretagne. L'Association de football anglais en codifia les règles en 1863.
Le *soccer* se joue aux États-Unis, traditionnellement plutôt par les filles.

Le football américain

Les immigrants européens apportèrent avec eux le football que nous connaissons dans le Nord-Est des États-Unis. Mais un étudiant de Yale, passionné à la fois par le football et le rugby, a créé ce nouveau sport très viril en mixant les deux.

Au match
At the match

- **C'était vraiment un beau match !**
  That was a great match!

- **Mille personnes ont assisté au match.**
  One thousand people attended the match.

- **Je ne supporte pas de voir perdre mon équipe.**
  I can't bear seeing my team lose.

- **Tu es supporter de quelle équipe ?**
  What team do you support?

- **Quel joueur magnifique !**
  What a great player he is!

- **Il a marqué trois buts.**
  He scored three goals.

- **Je suis un fan de Manchester United.**
  I am a Manchester United fan.

- **Je ne peux pas me permettre d'aller à tous les matchs.**
  I can't afford going to every match.

Une nation de *bookmakers*

Les paris sont tout à fait licites au Royaume-Uni. On y compte environ 8 500 *betting shops*, où l'on parie sur tout et n'importe quoi. Mais ce sont les résultats de football qui sont l'objet du plus grand nombre de paris.

Le tennis
Tennis

• **arbitre**	*umpire*
• **coup**	*shot*
• **coup droit**	*forehand stroke*
• **court de tennis**	*tennis court*
• **filet**	*net*
• **frapper la balle**	*hit the ball*
• **poignet**	*wristband*
• **raquette**	*racket*
• **revers**	*backhand stroke*
• **service gagnant**	*ace*
• **servir, service**	*serve*
• **set**	*set*

À toi de jouer !

La balle est dans ton camp
The ball is in your court.

Les sports d'eau
Water sports

• **aviron**	*rowing*
• **bateau à voile**	*sail boat*
• **brasse**	*breast stroke*

- canoë — *canoe*
- maillot de bain — *swimming suit*
- nager — *swim*
- piscine — *swimming pool*
- planche à voile — *windsurf*
- planche à voile — *sailboard*
- planche de surf — *surfboard*
- plongée avec tuba — *snorkeling*
- plongée sous-marine — *scuba diving*
- plongeoir — *springboard*
- plonger — *dive*
- ski nautique — *water-ski*
- slip de bain — *swimming trunks*
- surf — *surf*
- voile — *sail*

L'équitation
Horse riding

- bride — *bridle*
- bureau de paris (PMU) — *betting shop*
- cavalier — *rider*
- champ de courses — *racecourse*
- concours hippique — *horse show*

Le sport

- **course de chevaux** — *horse race*
- **monter un cheval** — *ride a horse*
- **parier, pari** — *bet*
- **selle** — *saddle*

La marche
Walking

- **aller en montagne** — *do mountain climbing*
- **aventurer (s')** — *wander*
- **aller se promener** — *go for a walk*
- **balader (se)** — *stroll*
- **boussole** — *compass*
- **carte** — *map*
- **chaussures de randonnée** — *hiking boots*
- **coureur de fond** — *long distance runner*
- **grimper, escalader** — *climb*
- **randonner** — *hike*
- **routard** — *backpacker*
- **sac à dos** — *backpack*

Trois kilomètres à pied...

It's within walking distance.   On peut y aller à pied.

Se distraire

■ Autres sports
Other sports

• aller en vélo	*ride a bike*
• batte de cricket	*cricket bat*
• club de golf	*golf club*
• conduire	*drive*
• course de voiture	*car race*
• crosse de hockey	*hockey stick*
• faire du patin à glace	*do ice-skating*
• faire du patin à roulettes	*roller skate*
• faire du ski alpin	*do downhill skiing*
• faire du ski de fond	*do crosscountry skiing*
• faire du vélo	*do cycling*
• gymnase	*gymnasium*
• lancer	*throw*
• panier	*basket*
• piste	*track*
• skier	*ski*
• terrain de golf	*golf course*
• voiture de course	*racing car*
• volley	*volley*

Attention à l'ordre des mots !

A car race	une course de voiture.
A racing car	une voiture de course.

Partie X
Autour de nous

Climat et météo
L'environnement
Les paysages
Les animaux
Les végétaux

Climat et météo
Climate and weather forecast

■ Le soleil
The sun

• briller	*shine*
• briller (soleil couchant)	*glow*
• coucher du soleil	*sunset*
• éclaircies	*bright intervals*
• ensoleillé	*sunny*
• il y a du soleil	*it's sunny*
• lever du soleil	*sunrise*
• soleil	*sunshine*

Une phrase qu'on aime entendre à la BBC

Lots of sunshine and temperatures in the 70s.
Beaucoup de soleil et des températures au-dessus de 20 °C.
Le mot *sun* fait référence à l'astre solaire ; le mot *sunshine* fait référence à son rayonnement.

Le ciel
The sky

- **brillant** — *bright*
- **briller** — *shine*
- **brouillard** — *fog*
- **brume** — *mist*
- **brume légère** — *haze*
- **brumeux** — *foggy, misty, hazy*
- **clair** — *clear*
- **couvert** — *overcast*
- **dégagé** — *fair*
- **gris** — *dull*
- **nuage** — *cloud*
- **nuageux** — *cloudy*

Soyons optimistes !

Every cloud has a silver lining.

Ce proverbe, qui signifie littéralement « Tous les nuages ont une doublure d'argent », équivaut à notre adage : « Il faut toujours voir le bon côté des choses. »

La température
Temperature

• baisser	*drop*
• brûlant	*scorching*
• chaleur	*heat*
• chaud	*warm*
• doux	*mild*
• étouffant	*stifling*
• frais	*chilly*
• froid	*cold*
• gelant	*freezing*
• moyenne	*average*
• très chaud	*hot*
• vigilance	*watch*

Hot ou *warm* ?

Les deux mots veulent dire « chaud », mais *warm* a une connotation agréable, tandis que *hot* implique une trop grosse chaleur. Mais tout est question d'appréciation personnelle – et d'expérience. Là où un Anglais vous dira *It's so hot!*, peut-être aurez-vous juste une impression de douce chaleur…

J'ai chaud, j'ai froid !
I'm warm, I'm cold!

- **Il fait froid.**
  It's cold.

- **Il fait chaud.**
  It's warm

- **Il fait très chaud.**
  It's hot.

- **L'automne est généralement frais et humide à Londres.**
  Autumn is usually chilly and damp in London.

- **Il gèle aujourd'hui.**
  It's freezing cold today!

- **Il fait une chaleur accablante.**
  It's scorching hot.

- **Il fait étouffant.**
  It's stifling hot.

- **I am really cold.**
  J'ai vraiment froid.

- **Le froid glacial était inattendu.**
  The bitter cold was unexpected.

La pluie et la neige
Rain and snow

• arc-en-ciel	*rainbow*
• averse	*shower*
• brouillard	*fog*
• bruine	*drizzle*
• chute de neige	*snowfall*
• flocon de neige	*snowflake*
• fondre	*melt*
• geler	*freeze*
• givre	*frost*
• givré	*frosty*
• glace	*ice*
• goutte de pluie	*raindrop*
• grêle	*hail*
• grêlon	*hailstone*
• humide	*damp*
• humide (mouillé)	*wet*
• inondation	*flooding*
• neige, neiger	*snow*
• neigeux	*snowy*
• pleuvoir à verse	*pour with rain*
• pluvieux	*rainy*
• verglas	*black ice*

> **Il pleut des chats et des chiens**
> En France, il pleut parfois « des cordes », mais en Grande-Bretagne, comme chacun sait, on aime les animaux…
> *It's raining cats and dogs.*

■ Le vent
Wind

- **brise** — *breeze*
- **éclair** — *flash of lightning*
- **orage** — *thunder storm*
- **ouragan** — *hurricane*
- **tempête** — *storm*
- **tonnerre** — *thunder*
- **tornade** — *tornado*
- **tourbillon** — *whirlwind*
- **typhon** — *typhoon*
- **vent (il y a du)** — *windy (it's)*

■ La météo
Weather forecast

- **Avez-vous entendu la météo ?**
  Did you hear the weather forecast?

- **Il se pourrait qu'il pleuve sur les Highlands.**
  There might be some rain over the Highlands.

- **On prévoit des températures fraîches après le coucher du soleil.**
  Chilly temperatures are expected after sunset.

- **Il y aura des nuages avec des éclaircies au-dessus de Londres.**
  It will be cloudy with sunny spells over London.

- **De nouvelles chutes de neige sont attendues dans les Midlands.**
  More heavy snow falls are expected in the Midlands.

- **La neige et le verglas continuent de désorganiser les transports.**
  Snow and ice continue to cause travel disruption.

- **On annonce 10 centimètres de neige pour dimanche.**
  They're calling for 10 centimeters of snow on Sunday.

- **Le froid intense va continuer jusqu'à vendredi.**
  The bitter cold is expected to continue into Friday.

- **On s'attend à ce que les températures se rafraîchissent cette semaine.**
  We are expecting the temperature to cool down this week.

> ### Le rendez-vous quotidien
> Comme chez nous, les prévisions météorologiques sont un rendez-vous quotidien important à la télévision.
>
> *Here is the weather forecast.*   Voici la météo.
> *Weather presenter.*   Présentateur météo.

■ Pour lancer la conversation
To start the ball rolling

- **Quel beau temps !**
  Nice weather, isn't it?

- **Quelle journée superbe !**
  Glorious day, isn't it?

- **Il fait beau, n'est-ce pas ? Pas un nuage dans le ciel !**
  Lovely day, isn't it? Not a cloud in the sky!

- **On a eu de la chance avec le temps cet hiver !**
  We've been pretty lucky with the weather this winter, haven't we?

- **Ce temps est incroyable ! Ces journées douces en plein milieu de l'hiver !**
  Can you believe this weather? These balmy days in the middle of winter!

- **Il y a du vent.**
  It's windy.

Climat et météo

- **Il y a du soleil.**
  It's sunny.

- **Il y a du brouillard.**
  It's foggy.

- **Il pleut.**
  It's raining.

- **Il pleut à verse.**
  It's pouring down.

- **Les nuages passent. Ça s'éclaircit déjà.**
  The clouds are passing. It's clearing up already.

- **Cette tempête était terrible.**
  That storm was horrible.

- **Il a fait si froid ; on a hâte que cela se réchauffe !**
  It's been so cold; we're looking forward to it warming up!

Un sujet de conversation inépuisable !

Rien de tel que de parler du temps pour aborder une conversation. C'est un sujet inépuisable.

Le temps qu'il fait est le premier sujet qu'un Britannique aborde avec toute personne qu'il rencontre.

Toutefois, ne vous avisez pas de vous plaindre de la pluie qui n'a pas cessé depuis quatre jours… Laissez reconnaître aux Britanniques les quelques petits désagréments de leur pays… Critiquer le temps est leur privilège !

L'environnement
Environment

■ L'écologie
Ecology

- **agir** — *act*
- **contaminer** — *contaminate*
- **créature** — *creature*
- **désastre** — *disaster*
- **détruire** — *destroy*
- **diminuer** — *diminish*
- **disparaître** — *disappear, die out*
- **disparu, éteint** — *extinct*
- **durable** — *sustainable*
- **émettre** — *emit*
- **en danger** — *endangered*
- **équilibre** — *balance*
- **être conscient de** — *be aware of*
- **être nocif / nuisible** — *be harmful*
- **menace** — *threat*
- **menacer** — *threaten*
- **nettoyer** — *clean*
- **nuire à** — *harm*

- **polluer** *pollute*
- **propre** *clean*
- **protéger** *protect*
- **purifier** *purify*
- **renouvelable** *renewable*

Un ami ? Non !

L'adjectif *friendly* entre dans la composition de nombreux adjectifs composés, comme dans ce titre d'article de magazine :
Top 10 Eco-Friendly Ways to Clean the House.
Les dix manières de nettoyer la maison sans nuire à l'environnement.

■ L'atmosphère
Atmosphere

- **couche d'ozone** *ozone layer*
- **effet de serre** *greenhouse effect*
- **émanations** *fumes*
- **gaz d'échappement** *exhaust fumes*
- **oxygène** *oxygen*
- **pluie acide** *acid rain*
- **réchauffement climatique** *global warming*

L'ENVIRONNEMENT

Un cri d'alarme

We are facing a global climate crisis. It is deepening. (Al Gore)
Nous devons faire face à une crise climatique mondiale. Elle s'aggrave.

■ Les déchets
Waste

- **débarrasser (se) de**   *dispose of*
- **décharge**   *dumping ground*
- **déchets industriels**   *industrial waste*
- **eaux usées**   *sewage*
- **égouts**   *sewage sytem*
- **mettre au rebut**   *dump*
- **recycler**   *recycle*
- **station d'épuration**   *sewage plant*
- **tas d'ordures**   *dump*
- **tri des déchets**   *waste separation*

Jusqu'où va la télé-réalité ?

Jusque dans une décharge ! Un programme de Channel 4 a donné à 11 candidats l'occasion de faire une expérience insolite. Seront-ils capables de survivre pendant 21 jours dans une décharge ?

■ L'énergie
Energy

• **centrale électrique**	*power station*
• **combustible**	*fuel*
• **énergie éolienne**	*wind energy*
• **essence**	*gas* (US), *petrol* (UK)
• **fuite, fuir**	*leak*
• **gaz naturel**	*natural gas*
• **nappe de pétrole**	*oil slick*
• **parc d'éoliennes**	*windpark, windfarm*
• **pétrole**	*oil*
• **peu gourmand en énergie**	*energy-efficient*
• **sans plomb**	*unleaded*

Protégeons la planète !

Natural resources are running out.
Les ressources naturelles s'épuisent.

Les paysages
Landscapes

Les différents paysages
Different sceneries

- **panorama** — *viewpoint, panorama*
- **paysage** — *scenery*
- **paysage marin** — *seascape*
- **paysage urbain** — *cityscape*
- **paysagiste** — *landscape gardener*

Quel beau paysage !

Le mot *scenery* peut s'appliquer à n'importe quel environnement.

The scenery can be a landscape, a seascape, or a cityscape.

Il a toujours une connotation positive, donc on ne parle jamais de *ugly scenery*.

Au théâtre, le mot *scenery* signifie « décor ».

La Terre
The Earth

- **banquise** — *ice floe*
- **boue** — *mud*
- **boueux** — *muddy*
- **carte** — *map*
- **caverne** — *cave*
- **continent** — *continent*
- **désert** — *desert*
- **iceberg** — *iceberg*
- **jungle** — *jungle*
- **monde** — *world*
- **pays** — *country, land*
- **région** — *area*
- **savane** — *bush*
- **sol (matière)** — *soil*
- **sol (surface)** — *ground*
- **tremblement de terre** — *earthquake*

LES PAYSAGES

Les points cardinaux

Chacun a un adjectif associé :
- Le nord : *North* → *northern*
- Le sud : *South* → *southern*
- L'est : *East* → *eastern*
- L'ouest : *West* → *western*

Chacun a un adverbe pour indiquer la direction :
- Vers le nord : *northward(s)*
- Vers le sud : *eastward(s)*.

Avec les verbes de mouvement :
- Aller vers le nord : *go north*
- Aller en voiture vers le sud : *drive south*
- Naviguer à la voile vers l'ouest : *sail west*

▪ La mer
The sea

• **baie**	*bay*
• **chenal**	*channel*
• **côte**	*coast*
• **détroit**	*strait*
• **faire de la voile**	*sail*
• **falaise**	*cliff*
• **galets**	*pebbles*
• **île**	*island*

Autour de nous

- **lagon** — *lagoon*
- **marée basse** — *low tide*
- **marée haute** — *high tide*
- **marin** — *sailor*
- **océan** — *ocean*
- **plage** — *beach*
- **profond** — *deep*
- **profondeur** — *depth*
- **raz de marée** — *tsunami*
- **récif** — *reef*
- **rivage** — *shore*
- **rocher** — *rock*
- **rocheux** — *rocky*
- **sable** — *sand*
- **station balnéaire** — *sea-side resort*
- **vague** — *wave*
- **vague de fond** — *tidal wave*

Prendre la mer... et y rester

Go to sea.	Prendre la mer (devenir marin).
Be at sea.	Être en mer.
Be at sea level.	Être au niveau de la mer.

> **Un proverbe**
>
> *He that would go to sea for pleasure would go to hell for a pastime.*
> Littéralement : « Celui qui va en mer par plaisir irait en enfer pour passer un bon moment. »

Les rivières et les lacs
Rivers and lakes

• **barrage**	*dam*
• **cascade**	*waterfall*
• **couler**	*flow*
• **courant**	*current*
• **cours d'eau**	*stream*
• **déborder**	*overflow*
• **eau douce**	*fresh water*
• **écluse**	*lock*
• **étang**	*pool*
• **fossé**	*ditch*
• **glissement de terrain**	*landslide*
• **inondation**	*flood, flooding*
• **inonder**	*flood*
• **jaillir**	*gush*
• **lac**	*lake*

- **marais** — *swamp, marsh*
- **mare** — *pond*
- **peu profond** — *shallow*
- **profond** — *deep*
- **rive** — *bank*
- **rivière** — *river*
- **source** — *spring*

Remonter la rivière... ou la descendre

Sail up a river. — Remonter la rivière en bateau.
Sail down a river. — Descendre la rivière.
On peut dire aussi : *travel upstream.*

Une injonction pas très polie

Go jump in the lake!
Va te faire voir !

Les montagnes
Mountains

- **bas** — *low*
- **canyon** — *canyon*
- **col** — *pass*
- **colline** — *hill*

LES PAYSAGES

- **éruption volcanique** *volcanic eruption*
- **escarpé** *steep*
- **gouffre** *chasm*
- **haut** *high*
- **hauteur** *height*
- **incendie** *fire*
- **lave** *lava*
- **l'Himalaya** *The Hymalayas*
- **les Alpes** *the Alps*
- **les Rocheuses** *the Rocky Mountains*
- **mont** *mount*
- **montagneux** *mountainous*
- **parcours pittoresque** *scenic route*
- **pente** *slope*
- **pic** *peak*
- **sommet** *summit*
- **vallée** *valley*
- **volcan** *volcano*

De quoi en faire une montagne ?

I've got mountains of laundry.
J'ai une quantité énorme de linge à laver.

L'espace
The space

• **astronaute**	*astronaut*
• **ciel**	*sky*
• **ciel (paradis)**	*heaven*
• **étoile**	*star*
• **étoilé**	*starry*
• **extraterrestre**	*extra-terrestrial*
• **fusée**	*rocket*
• **lune**	*moon*
• **OVNI**	*UFO*
• **soleil**	*sun*
• **univers**	*universe*
• **vaisseau spatial**	*spaceship*
• **voyage dans l'espace**	*space travel*

Des rêves en pagaille

• *You can have stars in your eyes.*
On peut avoir des étoiles dans les yeux. C'est-à-dire des rêves de gloire.
• *You can reach for the moon.*
On peut vouloir décrocher la Lune.

Les animaux
Animals

■ Le règne animal
The animal kingdom

• **aile**	*wing*
• **arête**	*bone*
• **bec**	*beak*
• **coquille**	*shell*
• **corne**	*horn*
• **crinière**	*mane*
• **fourrure**	*fur*
• **griffe**	*claw*
• **mammifère**	*mammal*
• **nid**	*nest*
• **patte**	*paw, leg*
• **pelage**	*fur, coat*
• **piqûre**	*bite*
• **plume**	*feather*
• **poil**	*hair, fur*
• **pondre**	*lay eggs*
• **queue**	*tail*
• **sabot**	*hoof*

- **sang chaud (à)** — *warm-blooded*
- **sang froid (à)** — *cold-blooded*
- **voler** — *fly*

Le mien, ce n'est pas pareil...

La règle générale veut que l'on utilise le pronom neutre *it* pour parler d'un animal. Mais il n'est pas question de considérer votre animal familier comme un neutre ! Vous pouvez tout à fait employer les pronoms *he* ou *she* pour y faire allusion ! On comprendra qu'il occupe une place particulière dans votre cœur.

Les troupeaux

On utilise des mots différents pour parler des troupeaux :
- Un troupeau de vaches : *herd*
- Un troupeau de moutons : *flock*
- Une meute : *pack*

■ Les animaux familiers
Pets

- **aboyer** — *bark*
- **apprivoiser** — *tame*
- **bâtard** — *mongrel*
- **caresser** — *pat*
- **chat** — *cat*
- **cheval** — *horse*

Les animaux

• chien	*dog*
• chien de garde	*watchdog*
• dresser	*train*
• faire son nid	*nest*
• féroce	*fierce*
• griffer	*scratch*
• grogner	*growl*
• inoffensif	*harmless*
• joueur, espiègle	*playful*
• lapin	*rabbit*
• lécher	*lick*
• miauler	*mew*
• mordre	*bite*
• piquer	*sting*
• ronronner	*purr*
• sortir le chien	*walk the dog*

Les animaux de la ferme
Farm animals

• abeille	*bee*
• âne	*donkey*
• canard	*duck*
• chèvre	*goat*

- **cochon** — *pig*
- **écurie** — *stable*
- **essaim** — *swarm*
- **étable** — *cowshed*
- **faire de l'élevage** — *breed*
- **ferme** — *farm*
- **mouton** — *sheep*
- **nourrir** — *feed*
- **oie** — *goose*
- **porcherie** — *pigsty*
- **poule** — *hen*
- **poulet** — *chicken*
- **race** — *breed*
- **ruche** — *hive*
- **taureau** — *bull*
- **traire** — *milk*
- **vache** — *cow*

À la ferme ou dans l'assiette ?

Selon qu'ils sont vivants ou dans votre assiette, les animaux changent de nom. Dans l'assiette, ils retrouvent leurs racines françaises. Normal, quand il s'agit de gastronomie, non ? Ainsi, la vache (*cow*) devient *beef*, le cochon (*pig*) devient *pork*, le mouton (*sheep*) devient *mutton*.

Ah, ces Français !

Certaines habitudes françaises donnent des frissons aux Anglo-Saxons. Ainsi, l'idée que nous puissions trouver du cheval ou du lapin dans nos assiettes leur font le même effet que, pour nous, l'idée de manger du chat ou du chien. Quant aux escargots, aux huîtres et aux cuisses de grenouilles… évitez même de leur en parler !

Les moutons

On trouve beaucoup de moutons dans les îles anglo-saxonnes, ils se régalent des verts pâturages.

Il n'est pas rare de devoir traverser des *cattle grids*, barres de métal placées sur les routes, qui permettent le passage des véhicules tout en empêchant celui des moutons laissés en liberté. La production de viande de mouton représente près du tiers de la production européenne.

■ Insectes et rampants
Insects and crawlers

- **araignée** — *spider*
- **cafard** — *cockroach*
- **chenille** — *caterpillar*
- **escargot** — *snail*
- **fourmi** — *ant*
- **guêpe** — *wasp*
- **mouche** — *fly*
- **moustique** — *mosquito*

- **papillon** — *butterfly*
- **papillon de nuit** — *moth*
- **piquer** — *sting*
- **puce** — *flea*
- **ramper** — *crawl*
- **reptile** — *reptile*
- **serpent** — *snake*
- **ver** — *worm*
- **web** — *toile*

Dans la forêt
In the forest

- **chauve-souris** — *bat*
- **chevreuil** — *roe deer*
- **écureuil** — *squirrel*
- **hérisson** — *hedgehog*
- **lièvre** — *hare*
- **ours** — *bear*
- **renard** — *fox*
- **sanglier** — *boar*
- **sauvage** — *wild*
- **souris** — *mouse*
- **tanière** — *den*
- **terrier** — *hole, burrow, earth*

La chasse à courre

La chasse à courre, en particulier au renard (*fox hunting*), est un sujet de polémique brûlant dans les îles Britanniques. Le Parlement a voté, en 2004, une loi interdisant cette pratique ancestrale jugée cruelle et élitiste, malgré l'opposition de la Chambre des lords.

Les écureuils roux, une espèce en voie de disparition ?

Les écureuils roux qui peuplaient jadis les parcs londoniens sont aujourd'hui en voie d'extinction, écrasés par les écureuils gris, importés des États-Unis, qui ont proliféré. Espérons que cette espèce ne disparaîtra pas aussi de nos jardins !

■ Dans l'eau
In the water

- **baleine** — *whale*
- **crapaud** — *toad*
- **crevette** — *shrimp*
- **dauphin** — *dolphin*
- **eau douce (d')** — *freshwater*
- **eau de mer** — *sea water*
- **grenouille** — *frog*
- **homard** — *lobster*

- **huître** — *oyster*
- **langouste** — *crawfish*
- **moule** — *mussel*
- **phoque** — *seal*
- **pieuvre** — *octopus*
- **poisson** — *fish*
- **requin** — *shark*
- **saumon** — *salmon*
- **truite** — *trout*

La pêche au saumon

Les saumons qui viennent se reproduire dans les cours d'eau d'Irlande et d'Écosse sont parmi les plus réputés du monde. Dans ces deux pays, la pêche au saumon est bien plus qu'un sport, c'est une véritable institution nationale.

Dans les airs
In the air

- **aigle** — *eagle*
- **colombe** — *dove*
- **faucon** — *hawk*
- **hirondelle** — *swallow*
- **moineau** — *sparrow*

- **oiseau** — *bird*
- **pigeon** — *pigeon*
- **perroquet** — *parrot*

L'aigle royal, emblème des États-Unis

Depuis 1782, l'aigle royal des grandes plaines, symbole de force et de courage, est devenu l'emblème des États-Unis et figure sur les pièces d'or et d'argent.

Les pigeons de Trafalgar Square

Nourrir les pigeons de Trafalgar Square fut pendant des années une des attractions favorites des touristes qui visitaient Londres. Malgré de nombreuses campagnes de protestation, il est maintenant interdit de nourrir ces animaux que la Ville tente de chasser au motif qu'ils nuisent à l'architecture de la place.

Au zoo
At the zoo

- **buffle** — *buffalo*
- **chameau** — *camel*
- **défense** — *tusk*
- **girafe** — *giraffe*
- **hippopotame** — *hippo(potamus)*
- **jungle** — *jungle*

- **lion** — *lion*
- **singe** — *monkey*
- **tigre** — *tiger*
- **zèbre** — *zebra*

Les animaux femelles
Female animals

- **biche** — *doe*
- **brebis** — *ewe*
- **chèvre** — *nanny goat*
- **chienne** — *bitch*
- **jument** — *mare*
- **lionne** — *lioness*
- **poule** — *hen*
- **renarde** — *vixen*
- **tigresse** — *tigress*
- **truie** — *sow*

Différencier le genre des animaux ?

Ne vous compliquez pas la vie ! Il est toujours possible d'adjoindre un pronom au nom. Chacun s'y retrouvera !

Par exemple, une chienne : *a she-dog*.

Les petits
Baby animals

- **agneau** — *lamb*
- **chaton** — *kitten*
- **chevreau** — *kid*
- **chiot** — *puppy*
- **faon** — *fawn*
- **lionceau** — *cub*
- **louveteau** — *cub*
- **poulain** — *foal*
- **porcelet** — *piglet*
- **poussin** — *chick*
- **veau** — *calf*

Encore un pluriel irrégulier	
un veau	a *calf*
des veaux	*calves*

Des expressions animalières
Animal idioms

- **Peigner la girafe.**
  Waste one's time.

- **Fort comme un bœuf.**
  As strong as a horse

- **Jouer un tour de cochon.**
  Play a dirty trick.

- **Quel temps de chien !**
  What lousy weather!

- **Une langue de vipère.**
  A sharp tongue.

Les végétaux
Plants

■ Les arbres
Trees

• bois	*wood*
• bois de construction	*timber*
• branche	*branch*
• buisson	*shrub*
• clairière	*clearing*
• donner des fruits	*bear fruit*
• écorce	*bark*
• feuillage	*foliage*
• feuille	*leaf*
• fleurir	*blossom*
• forêt	*forest*
• pousse	*sprout*
• racine	*root*
• rameau	*twig*
• rejet	*shoot*
• sève	*sap*
• tronc	*trunk*

> **Une expression**
>
> *He cannot see the forest for the trees.* Un arbre lui cache la forêt.
> On dit aussi, de manière moins imagée : *He can't see the big picture.* Il ne voit que les détails et en oublie l'essentiel.

Les essences
Species

- **bouleau** — *birch*
- **cèdre** — *cedar*
- **chêne** — *oak*
- **cyprès** — *cypress*
- **hêtre** — *beech*
- **houx** — *holly*
- **orme** — *elm*
- **palmier** — *palm tree*
- **peuplier** — *poplar*
- **pin** — *pine tree*
- **vigne** — *vine*

Ce qu'on fait aux plantes
What we do to plants

- **abattre (un arbre)** — *fell / chop down*

Les végétaux

- **cultiver** — *cultivate*
- **dessécher** — *dry up*
- **jardiner** — *garden*
- **planter** — *plant*
- **pousser, faire pousser** — *grow*
- **semer** — *sow*
- **tailler** — *prune*
- **tondre la pelouse** — *mow the lawn*
- **traiter** — *treat*
- **entretenir** — *keep up, maintain*

Au jardin
In the garden

- **dessécher** — *dry up*
- **engrais** — *fertilizer*
- **graine** — *seed*
- **herbe** — *grass*
- **herbe aromatique** — *herb*
- **légume** — *vegetable*
- **non traité** — *untreated*
- **pelouse** — *lawn*
- **pesticide** — *pesticide*
- **piquer** — *prickle*

- **plantes grasses** — *succulents*
- **sécheresse** — *drought*
- **sol** — *soil*
- **tisane** — *herbal tea*

Un passe-temps traditionnel...

Celui que les Anglais portent à leur jardin. Les Britanniques sont moins nombreux que les Français à vivre en appartement. Beaucoup ont un petit jardin, qui fait l'objet de tous leurs soins. Les expositions de plantes, les magasins dédiés au jardinage, les salons d'horticulture sont des destinations favorites des week-ends en famille.

■ Les fleurs
Flowers

- **bouton** — *bud*
- **bulbe** — *bulb*
- **épine** — *thorn*
- **faner (se)** — *fade*
- **graine** — *seed*
- **hortensia** — *hydrangea*
- **lilas** — *lilac*
- **lys** — *lily*
- **œillet** — *carnation*

LES VÉGÉTAUX

- **orchidée** — *orchid*
- **plantes grasses** — *succulents*
- **rose** — *rose*
- **rosier** — *rose tree*
- **tige** — *stem*
- **vivace** — *perennial*

Mettons les mots en ordre !

A *garden flower* : une fleur de jardin
A *flower garden* : un jardin de fleurs

À chacun son emblème

- Angleterre : la rose, depuis la guerre des Roses (1455-1485).
- Écosse : le chardon, qui symbolise la défense depuis le XVe siècle.
- Pays de Galles : la jonquille que l'on porte le jour de la Saint-David (et aussi le poireau !).
- Irlande du Nord : le trèfle, que saint Patrick utilisait pour expliquer la Trinité.

■ Les plantes sauvages
Wild plants

- **baie** — *berry*
- **bouton d'or** — *buttercup*
- **champignon** — *mushroom*
- **chardon** — *thistle*

- **désherber** — *weed*
- **fougère** — *fern*
- **gui** — *misletoe*
- **herbe** — *grass*
- **houx** — *holly*
- **jungle** — *jungle*
- **lierre** — *ivy*
- **mauvaise herbe** — *weed*
- **mousse** — *moss*
- **noix, noisette** — *nut*
- **ortie** — *nettle*
- **trèfle** — *clover, shamrock*

Une profusion de proverbes

- **Les averses d'avril apportent les fleurs de mai.**
  April showers bring May flowers.

- **Qui plante un arbre le plante pour la postérité.**
  He that plants a tree plants for posterity.

- **L'herbe est toujours plus verte de l'autre côté de la clôture.**
  The grass is always greener on the other side of the fence.

- **La pomme ne tombe jamais loin de son arbre.**
  The apple doesn't fall far from the tree.

Partie XI
Communiquer

Avec les gens
Avec le monde
La publicité

Avec les gens
With people

■ Utiliser le téléphone
Using the phone

• **abonné**	*subscriber*
• **allô**	*hello*
• **annuaire**	*phone book, directory*
• **appeler**	*call*
• **cabine téléphonique**	*phone box, booth*
• **carte de téléphone**	*phone card*
• **combiné**	*receiver*
• **composer**	*dial*
• **décrocher**	*lift up*
• **faux numéro**	*wrong number*
• **numéro de téléphone**	*telephone number*
• **Pages Jaunes**	*yellow pages*
• **passer quelqu'un**	*put through*
• **passer un coup de fil**	*give a call*
• **raccrocher**	*hang up*
• **rappeler**	*call back*
• **renseignements**	*directory enquiries*
• **répondeur**	*answering machine*

Communiquer

- **sonner** — *ring*
- **standard** — *switchboard*
- **standardiste** — *operator*
- **téléphone** — *telephone*
- **téléphone fixe** — *landline phone*
- **téléphone portable** — *mobile phone*
- **téléphoner à quelqu'un** — *phone / ring*
- **tonalité** — *dial tone*
- **touche dièse** — *star key*
- **touche étoile** — *hash* (UK), *pound key* (US)

Au téléphone
On the phone

- **Qui est à l'appareil ?**
  Who is calling?

- **Puis je parler à M. Jones ?**
  Could I speak to Mr Jones?

- **Est-ce que Jack est là ?**
  Is Jack in?

- **Je vous mets en relation.**
  I'll put you through.

- **Patientez un moment.**
  Hold on a moment.

- **Je rappellerai dans dix minutes.**
  I'll call back in ten minutes.

- **Ne quittez pas.**
  Hold on.

- **C'est occupé !**
  The line is busy!

- **Laissez un message après le bip.**
  Please leave a message after the beep.

- **Je dois raccrocher.**
  I must ring off now.

■ Le courrier
The mail

• **boîte aux lettres**	*post box* (UK), *mail box* (US)
• **bureau de poste**	*post office*
• **carte d'anniversaire**	*birthday card*
• **carte postale**	*postcard*
• **correspondant(e)**	*pen-friend*
• **écriture**	*handwriting*
• **épeler**	*spell*
• **facteur**	*postman* (UK), *mailman* (US)
• **faire suivre**	*forward*
• **gribouiller**	*scribble*

Communiquer

- **lettre** — *letter*
- **lettre anonyme** — *poison-pen letter*
- **lisible** — *legible*
- **manuscrit** — *manuscript*
- **par avion** — *airmail*
- **par retour du courrier** — *by return of post*
- **poster** — *post*
- **prospectus** — *junk mail*
- **répondre** — *reply*
- **timbre** — *stamp*

Commencer une lettre

- Si vous ne connaissez pas le nom de la personne à qui vous écrivez, notez :

Dear Sir, Dear Madam,

- Si vous connaissez le nom de la personne à qui vous écrivez, notez :

Dear Mr, Mrs, Miss Smith,

À noter que, de plus en plus, on évite le choix entre *Miss* et *Mrs* en employant *Dear Ms Smith,*

- Si vous connaissez personnellement la personne, vous écrirez :

Dear Frank,.

Écrire une lettre
Writing a letter

- **Merci pour votre lettre du 25 septembre.**
  Thank you for your letter of September 25th.

- **Suite à votre lettre du 3 décembre,**
  With reference to your letter of 3rd December,

- **Je vous écris pour demander des renseignements à propos de votre offre.**
  I am writing to inquire about your offer.

- **Vous serait-il possible de… ?**
  Could you possibly…?

- **Je vous serais reconnaissant de bien vouloir…**
  I would be grateful if you could…

- **Je serais ravi de faire cela.**
  I would be delighted to do that.

- **Vous trouverez ci-joint…**
  Enclosed you will find…

- **N'oublie pas de m'envoyer un petit mot.**
  Don't forget to drop a line.

- **On a gardé contact.**
  We kept in touch.

- **Tu as des nouvelles de Judy ?**
  Have you heard from Judy?

> **Finir une lettre**
>
> • Si vous ne connaissez pas le nom de la personne à qui vous écrivez, notez :
> *Yours faithfully,*
> • Si vous connaissez le nom de la personne, notez :
> *Yours sincerely,*
> • Si vous connaissez personnellement la personne, choisissez plutôt :
> *Best wishes,* / *Best regards,*

■ Le courrier électronique
Electronic mail

• **adresse e-mail**	*e-mail address*
• **carte postale électronique**	*e-card*
• **courriel**	*e-mail*
• **émoticône**	*smiley*
• **envoyer un e-mail**	*e-mail*
• **expéditeur**	*sender*
• **messagerie électronique**	*e-mail*

LOL !

Certains acronymes sont internationalement utilisés lors des *chats* sur Internet ou dans les jeux en ligne. En voici quelques-uns des plus courants :
- AFK (*away from keyboard*) : Je ne suis plus devant mon clavier.
- ASAP (*as soon as possible*) : Dès que possible.
- BRB (*be right back*) : Je reviens.
- CUL8R (*see you later*) : À plus tard.
- IRL (*in real life*) : Dans la vraie vie.
- LOL (*laugh out loud*) : Je ris !
- OMG (*oh my god!*) : Oh mon dieu !

■ L'Internet
The Internet

• **connecter** (se)	*log in*
• **cyberespace**	*cyberspace*
• **déconnecter** (se)	*log out*
• **en ligne**	*on line*
• **fournisseur d'accès**	*service provider*
• **haut débit**	*broadband, high speed*
• **internaute**	*surfer*
• **Internet**	*Internet*
• **lien**	*link*
• **modem**	*modem*
• **mot de passe**	*password*

- **moteur de recherche** — *search engine*
- **naviguer, surfer** — *surf the Net*
- **page d'accueil** — *home page*
- **parcourir** — *browse*
- **réseau** — *network*
- **serveur** — *server*
- **site web** — *website*
- **télécharger** — *download*
- **Toile** — *Web*
- **via Internet** — *by Internet*

Que d'anglicismes !

De très nombreux termes anglophones sont utilisés dans le domaine informatique. Certains équivalents français existent pourtant, plus ou moins connus du grand public :
- un *mail* : un courriel
- le *Net* : la Toile
- un *buzz* : un ramdam
- un *chat* : un e-blabla
- une *newsletter* : une infolettre
- un *talk* : un débat
- un *mailing* : publipostage
- un *spam* : polluriel

Utiliser un ordinateur
Using a computer

• accéder à	*access*
• allumer	*switch on*
• brancher	*plug in*
• charger	*load*
• chatter	*chat*
• cliquer	*click*
• coller	*paste*
• copier	*copy*
• couper	*cut*
• entrer des données	*input*
• envoyer	*send*
• éteindre	*close*
• formater	*format*
• ouvrir	*open*
• programmation	*programming*
• recevoir	*receive*
• rechercher	*search*
• remplacer	*replace*
• saisir	*type, text*
• sauvegarder	*save*
• scanner	*scanner*

COMMUNIQUER

- **sélectionner** — *select*
- **sortir** — *output*
- **supprimer** — *delete*
- **traiter des données** — *processing*
- **trouver** — *find*
- **vidéoconférence** — *videoconference*

> **Copier-coller !**
>
> Le terme anglophone *copypaste* est utilisé dans la langue courante comme un seul verbe.

■ Le matériel informatique
Hardware

- **câble** — *cable*
- **casque** — *head set, head phone*
- **CD-ROM** — *CD-ROM*
- **clavier** — *keyboard*
- **disque dur** — *hard disk*
- **écran** — *screen, monitor*
- **enceinte** — *speaker*
- **fil** — *wire*

Avec les gens

- **haut-parleur** — *speaker*
- **icône** — *icon*
- **imprimante** — *printer*
- **lecteur CD-ROM** — *CD-ROM player*
- **lecteur DVD** — *DVD player*
- **logiciel** — *software, program*
- **mémoire** — *memory*
- **mémoire vive** — *ram*
- **micro** — *microphone*
- **ordinateur** — *computer*
- **ordinateur de bureau** — *desktop*
- **ordinateur portable** — *laptop*
- **périphérique** — *peripheral*
- **raccordement** — *connection*
- **sans fil** — *wireless*
- **son** — *sound*
- **touche** — *key*
- **tour centrale** — *tower*
- **webcam** — *video camera*

Attention au clavier !

La disposition des touches sur les claviers français, dits « Azerty », correspond à l'ergonomie rendue nécessaire par la langue française et permet, en particulier, les accents. Dans les pays anglophones, les claviers utilisés sont dits « Qwerty ».

Un petit truc pour passer de l'un à l'autre, il vous suffit de taper « shift + alt » sur votre clavier…

■ L'informatique
Computing

- **à jour** — *up to date*
- **assisté par ordinateur** — *computer aided*
- **base de données** — *database*
- **capture d'écran** — *screen shot*
- **commande** — *command*
- **données** — *data*
- **fenêtre** — *window*
- **feuille de calcul** — *spreadsheet*
- **fichier** — *file*
- **fond d'écran** — *background screen*
- **généré par ordinateur** — *computer generated*
- **graphique** — *graphic*
- **images de synthèse** — *computer graphics*

Avec les gens

- **installation** — *setting-up*
- **interactif** — *interactive*
- **logiciel** — *software*
- **menu** — *menu*
- **mise à jour** — *update*
- **multimédia** — *multimedia*
- **numérique** — *digital*
- **pirate informatique** — *hacker*
- **plantage** — *crash*
- **police** — *font*
- **tableur** — *spreadsheet program*
- **traitement de texte** — *word processor*
- **virus** — *virus*

Avec le monde
With the world

■ Les journaux
The papers

- **hebdomadaire** — *weekly*
- **illustré** — *illustrated magazine*
- **journal à scandale** — *tabloid scandal rag*
- **journal de luxe** — *glossy magazine*
- **journal du matin / du soir** — *morning / evening paper*
- **journal populaire** — *tabloid*
- **mensuel** — *monthly*
- **presse à scandale** — *gutter press*
- **quotidien** — *daily*
- **revue** — *magazine*
- **supplément** — *supplement*

La presse de caniveau

Les tabloïdes britanniques, tels *The Sun* ou *The Daily Star*, sont réputés pour leurs articles à scandale, qui n'épargnent rien ni personne et jouent sur l'aspect racoleur des titres et des photos. Ils sont qualifiés de *gutter press*, presse de caniveau, par opposition aux *quality papers*, qui au contraire établissent leur réputation sur le sérieux de leurs articles.

Dans les journaux
Inside the papers

- **actualité** — *current affairs*
- **article** — *article*
- **colonne** — *column*
- **compte rendu** — *account*
- **courrier des lecteurs** — *letters page*
- **courrier du cœur** — *agony column*
- **éditorial** — *leading article*
- **fait divers** — *news item*
- **gros titres** — *headlines*
- **informations** — *news*
- **légende de photo** — *caption*
- **nécrologie** — *obituary*
- **nouvelle** — *news item*
- **pages financières** — *financial pages*
- **pages sportives** — *sports pages*
- **petites annonces** — *small ads*
- **propagande** — *propaganda*
- **reportage** — *report, reporting*
- **résumé** — *summary*
- **une** — *front page*

Avec le monde

> **La page 3**
>
> *Page three* est une marque déposée par le tabloïde *The Sun*, qui publie traditionnellement tous les jours, depuis quarante ans, des photos de jeunes femmes aux seins nus en page 3 de son journal.

■ Le quatrième pouvoir
The fourth power

• **abonner à (s')**	*subscribe to*
• **actuel**	*current*
• **calomnie**	*slander*
• **censure**	*censorship*
• **diffamation**	*libel*
• **éditer**	*publish*
• **faire figurer**	*feature*
• **faire le point**	*get up to date*
• **imprimer**	*print*
• **journalisme**	*journalism*
• **kiosque à journaux**	*news stall*
• **liberté de parole**	*freedom of speech*
• **maison de presse**	*newsagent's*
• **mettre en lumière**	*highlight*
• **mettre en vedette**	*feature*

- **numéro** — *edition*
- **paraître** — *be published, come out*
- **publier** — *publish*
- **renseigner** — *inform*
- **sensation (à)** — *sensational*
- **sonder** — *survey*
- **tenir au courant** — *keep informed*
- **tirage** — *circulation*

Le premier amendement

Le premier amendement de la Constitution américaine, signée en 1791, garantit la liberté de la presse aux USA.

■ Les gens de la presse
Press people

- **abonné** — *subscriber*
- **agence de presse** — *press / news agency*
- **chroniqueur** — *columnist*
- **éditeur** — *publisher*
- **envoyé spécial** — *special correspondent*
- **équipe de rédaction** — *editorial team*
- **journaliste** — *journalist*

• lecteur	*reader*
• marchand de journaux	*newsagent*
• paparazzi	*paparazzi*
• photographe de presse	*press photographer*
• rédacteur	*editor*
• reporter	*reporter*

■ La radio
The radio

• allumer	*turn on*
• auditeur	*listener*
• écouter	*listen to*
• écouteurs	*headphone*
• éteindre	*turn off*
• haut-parleur	*loud speaker*
• longueur d'onde	*wavelength*
• modulation de fréquence	*frequency modulation* (**FM**)
• monter /descendre le volume	*turn up / down the volume*
• poste de radio	*transistor*
• sur les ondes	*on the air*
• talkie-walkie	*walkie-talkie*

Attention aux Martiens !

L'émission de radio la plus célèbre est certainement la diffusion, le 30 octobre 1938, de l'adaptation par Orson Welles de *War of the Worlds*, le roman de H. G. Wells. Cette émission annonçant l'arrivée belliqueuse des Martiens sur Terre déclencha de véritables scènes de panique dans New York.

■ La télévision
Television

- **antenne** — *aerial*
- **antenne parabolique** — *satellite dish*
- **bouquet** — *package*
- **câble** — *cable*
- **chaîne** — *channel*
- **décodeur** — *decoder*
- **écran plat** — *flat screen*
- **magnétoscope** — *video cassette recorder (VCR)*
- **parabole** — *satellite dish*
- **programme TV** — *TV program*
- **réception** — *reception*
- **redevance TV** — *licence fee*
- **télécommande** — *remote control*
- **téléviseur** — *TV set*

• téléviseur grand écran	*wide-screen TV*
• télévision câblée	*cable TV*

La BBC

La *British Broadcasting Corporation (BBC)* est un organe de production et de diffusion de programmes de radio et de télévision britannique. « *The Beeb* », qui bénéficie toujours d'une réputation d'excellence culturelle, a détenu le monopole de la télévision au Royaume-Uni jusqu'en 1995, à l'arrivée de ITV.

■ Les émissions
TV programmes

• concours	*contest*
• divertissement	*entertainment*
• documentaire	*documentary*
• entretien	*interview*
• feuilleton	*sitcom*
• film	*movie*
• flash d'informations	*news flash*
• informations	*news*
• jeu télévisé	*quiz show*
• journal télévisé	*newscast*
• média	*media*

- **météo** — *weather forecast*
- **page de pub** — *commercial break*
- **pièce** — *drama*
- **programme** — *program*
- **publicité** — *commercial*
- **série TV** — *soap opera, series*
- **spectacle** — *show*
- **talk-show** — *talk show*
- **variétés** — *variety show*

Le Super Bowl

Le *Super Bowl*, finale du championnat de football américain, est un événement majeur de la télévision aux États-Unis, qui enregistre des records d'audience lors de sa diffusion. Le coût des annonces publicitaires à cette occasion atteint des sommets.

■ La diffusion
Broadcasting

- **à l'antenne** — *on air*
- **audimat** — *TV rating*
- **différé (en)** — *recorded*
- **diffuser** — *broadcast*

Avec le monde

• **direct (en)**	*live*
• **divertir**	*entertain*
• **heure de grande écoute**	*peak viewing*
• **première partie de soirée**	*prime time*
• **rediffusion**	*rerun*
• **regarder**	*watch*
• **réseau**	*network*
• **transmettre**	*transmit*
• **visionner**	*view*
• **zapper**	*switch*

Ne pas confondre !

What's on TV tonight? — Qu'est-ce qu'il y a à la télé ce soir ?
What's on the TV? — Qu'y a-t-il à l'écran ?

Les gens de la TV
TV people

• **accro à la TV**	*TV addict*
• **animateur**	*host*
• **commentateur**	*commentator*
• **présentateur**	*anchorman*

- **présentateur de journal** *newsreader* (GB), *newscaster* (US)
- **public** *audience*
- **speakerine** *link woman*
- **téléspectateur** *viewer*

Couch potato

Cette expression, qui signifie littéralement « une patate de canapé », est utilisée pour désigner les gens qui restent plantés toute la journée devant leur téléviseur.

La publicité
Advertising

■ Les supports publicitaires
Advertising medium

• affiche	*poster*
• campagne publicitaire	*advertising campaign*
• dépliant	*folder*
• faire de la publicité	*advertise*
• foire commerciale	*fair trade*
• page de publicité	*commercial break*
• panneau d'affichage	*advertising boarding*
• petite annonce	*classified ad*
• promotion	*special offer*
• prospectus	*leaflet*
• publicité	*advertising*
• spot publicitaire	*commercial*
• téléachat	*armchair shopping*
• téléshopping	*TV shopping*
• vente par correspondance	*mail order*

COMMUNIQUER

Advertising

Attention à ces mots très proches, mais dont l'accent tonique ne se situe pas au même endroit :

Ad / **A**dvert / Ad**ve**rtisement.	Une publicité
Advertising.	La publicité.
Ad**ver**tiser.	Un publicitaire.
Advertise.	Faire de la publicité.

■ Les techniques publicitaires
Advertising techniques

- **attirer** — *attract*
- **capter l'attention** — *capture (attention)*
- **cibler** — *aim at*
- **communiquer** — *communicate*
- **convaincre** — *convince*
- **exagérer** — *exaggerate*
- **exercer une influence** — *influence*
- **fidéliser** — *build up loyalty*
- **inciter** — *encourage*
- **influencer** — *influence*
- **inonder le marché** — *flood the market*
- **lancer un produit** — *launch a product*
- **lavage de cerveau** — *brainwashing*

• **marketing**	*marketing*
• **matraquage**	*hype*
• **prétendre**	*claim*
• **promouvoir**	*promote*
• **séduire**	*charm, appeal to*
• **stimuler les ventes**	*boost sales*
• **susciter l'intérêt**	*arouse interest*
• **vanter**	*boast*
• **viser**	*target*

■ Les messages publicitaires
Advertisements

• **acheteur**	*buyer*
• **annonceur**	*advertiser*
• **atteindre**	*reach*
• **cadeau, bonus**	*free gift*
• **choquer**	*shock*
• **client**	*customer*
• **concurrence**	*competition*
• **concurrent**	*competitor*
• **consommateur**	*consumer*
• **échantillon gratuit**	*free sample*
• **efficacité**	*effectiveness*

- **grand public** — *public*
- **jingle** — *jingle*
- **lieu de vente** — *point of sale*
- **marque** — *brand*
- **offre** — *offer*
- **produit** — *product*
- **slogan** — *catch phrase, slogan*

Trois mots pour le prix d'un

Advert, commercial, publicity ?

Ces mots, traduits de la même façon en français, renvoient à des réalités différentes.

- *Advertising* renvoie à une publicité payée par une entreprise pour développer ses ventes.
- *Publicity* est l'image relayée gratuitement par le public ou la presse.
- *Commercial* correspond à la publicité sur les ondes radio ou TV.

Des adjectifs pour attirer
Some attractive adjectives

- **attirant** — *appealing*
- **audacieux** — *bold*
- **choquant** — *shocking*
- **facile à retenir** — *catchy*

- **frappant** — *striking*
- **fructueux** — *fruitful, successful*
- **persuasif** — *persuasive*
- **prestigieux** — *glamorous*
- **séduisant** — *attractive*
- **trompeur** — *misleading*

Partie XII
Quelques repères indispensables

Les nombres
Quantités et mesures
Les verbes irréguliers

Les nombres
Numbers

■ De 1 à 19
From 1 to 19

- **un – premier** — *one – first*
- **deux – second** — *two – second*
- **trois – troisième** — *three – third*
- **quatre – quatrième** — *four – fourth*
- **cinq – cinquième** — *five – fifth*
- **six – sixième** — *six – sixth*
- **sept – septième** — *seven – seventh*
- **huit – huitième** — *eight – eighth*
- **neuf – neuvième** — *nine – ninth*
- **dix – dixième** — *ten – tenth*
- **onze – onzième** — *eleven – eleventh*
- **douze – douzième** — *twelve – twelfth*
- **treize – treizième** — *thirteen – thirteenth*
- **quatorze – quatorzième** — *fourteen – fourteenth*
- **quinze – quinzième** — *fifteen – fifteenth*
- **seize – seizième** — *sixteen – sixteenth*
- **dix-sept – dix-septième** — *seventeen – seventeenth*
- **dix-huit – dix-huitième** — *eighteen – eighteenth*
- **dix-neuf – dix-neuvième** — *nineteen – nineteenth*

Le zéro

Nought (en américain *zero*).

Il se lit comme la lettre « o » dans les numéros de téléphone, les numéros de bus et de chambre d'hôtel.

Les nombres ordinaux

D'une manière générale, ils se forment en ajoutant une terminaison *–th* au nombre cardinal.

On les écrit ainsi en abrégé : *4th*, *5th*, *6th*, etc.

Exceptions : 1, 2 et 3 (ainsi que tous les nombres se terminant par ces chiffres).

On les écrit ainsi en abrégé : *1st*, *2nd*, *3rd*.

■ Les dizaines
Tens

- **vingt** *twenty*
- **trente** *thirty*
- **quarante** *forty*
- **cinquante** *fifty*
- **soixante** *sixty*
- **soixante-dix** *seventy*
- **quatre-vingts** *eighty*
- **quatre-vingt-dix** *ninety*

> ### Les nombres ordinaux
> On remplace la terminaison –y par –ieth :
> The fortieth: the 40th.
> The ninetieth: the 90th.

■ Les nombres composés
Compound numbers

• **vingt et un**	*twenty-one*
• **trente-deux**	*thirty-two*
• **quarante-trois**	*forty-three*
• **cinquante-quatre**	*fifty-four*
• **soixante-cinq**	*sixty-five*
• **soixante-seize**	*seventy-six*
• **quatre-vingt-sept**	*eighty-seven*
• **quatre-vingt-dix-huit**	*ninety-eight*

> ### Entre les dizaines et les unités
> On met un trait d'union entre les dizaines et les unités.

Les centaines, les milliers, les millions
Hundreds, thousands, millions

- **cent** — *one hundred*
- **cent un** — *one hundred and one*
- **cent quarante-trois** — *one hundred and forty-three*
- **deux cents** — *two hundred*
- **trois cents** — *three hundred*
- **trente millions** — *thirty million*

Un *s* ou pas d'*s* ?

Les mots *hundred*, *thousand* et *million* ne prennent pas de -s dans un nombre.

There were three thousand people. Il y avait trois mille personnes.

En revanche, ils peuvent prendre un -s quand ils sont utilisés comme noms (centaine, millier, million) :

There were thousands of people. Il y avait des centaines de personnes.

Entre les centaines et les dizaines

En anglais britannique, on ajoute *and*, ce que ne font pas les Américains.

230 : *two hundred and thirty*.

Entre les milliers et les centaines

Lorsque l'on écrit en chiffres, une virgule sépare les milliers des centaines (au lieu du point en français).

3,652 : *three thousand, six hundred and fifty-two*.

Les décimales

Les décimales sont précédées d'un point qui se prononce.

Deux et demi s'écrit *2.5* et se prononce *two point five*.

Quantités et mesures
Quantities and measurements

De tout à rien
From all to nothing

• assez	*enough*
• aucun (pronom)	*none*
• beaucoup de	*many / much*
• beaucoup de	*plenty of / lots of*
• chaque	*every / each*
• la plupart de /des	*most*
• pas de	*no / not any*
• personne	*nobody*
• peu de	*little / few*
• rien	*nothing*
• tout / toute / tous (les)	*all (the)*
• tout le / toute la	*the whole*
• tout	*everything*
• tout le monde	*everybody*
• trop de	*too much / too many*
• trop peu de	*too little / too few*
• un peu de	*a little / a few*

> ### Much / many, little / few
>
> *Much* (beaucoup de) et *little* (peu de) s'emploient devant les noms au singulier.
>
> *Many* (beaucoup de) et *few* (peu de) s'emploient devant les noms au pluriel.
>
> *I have many friends but I don't have much time to see them.*
>
> J'ai beaucoup d'amis mais je n'ai pas beaucoup de temps pour les voir.
>
> ### Every
>
> Ce mot, suivi d'un singulier, signifie « chaque », mais on le traduit souvent par « tous les » avec un pluriel :
>
> *Every day.*
>
> Tous les jours.
>
> *Everybody.*
>
> Tout le monde.

■ Autres expressions
Other expressions

- **à peine** — *hardly*
- **augmenter** — *increase, rise*
- **augmenter (quelque chose)** — *raise (something)*
- **diminuer (de)** — *decrease (by)*
- **diminuer, chuter** — *drop*
- **manquer de** — *lack*
- **monter en flèche** — *rocket*

- **nombreux** — *numerous*
- **peu abondant** — *scarce*
- **pour cent** — *percent*
- **quantité** — *amount*
- **réduction (prix)** — *discount*
- **réduire** — *reduce / cut*

Raise ou *rise* ?

- *Rise* est un verbe intransitif. Il ne peut avoir de complément.
- *Raise* est un verbe transitif. Il a besoin d'un complément.

Prices have rise / increased by ten per cent.
Les prix ont augmenté de dix pour cent.
They have raised / increased the prices by ten per cent.
Ils ont augmenté les prix de dix pour cent.

Je le connais à peine !

I hardly know him. Que l'on traduit souvent par : « Je ne le connais presque pas. »

La longueur
Length

- **pouce (2,54 cm)** — *inch*
- **pied (30,48 cm)** — *foot*
- **yard (91 cm)** — *yard*

- **mile** (1 609 m) — *mile*
- **mètre** — *meter*
- **kilomètre** — *kilometer*
- **centimètre** — *centimeter*
- **millimètre** — *millimeter*

Le poids
Weight

- **once** (28,3 g) — *ounce*
- **livre** (453 g) — *pound*
- **stone** (6,35 kg) — *stone*
- **tonne** (1 016 kg) — *ton*
- **gramme** — *gram*
- **kilogramme** — *kilogram*

La capacité
Capacity

- **demi-pinte** (0,28 l) — *half pint*
- **pinte** 0,57 l (UK) ; 0,47 l (US) — *pint*
- **gallon** 3,67 l (UK) ; 3,80 l (US) — *gallon*
- **litre** — *liter*

Un mot utile au pub

Je voudrais un demi de bière blonde.
I'd like a pint of lager, please.

Un mot utile à la station-service

Trente-sept litres d'essence, s'il vous plaît.
Ten gallons of petrol, please.

Les verbes irréguliers

Base verbale	Prétérit	Participe passé	Traduction
A			
arise	arose	arisen	*s'élever*
awake	awoke	awoken	*(se) réveiller*
B			
be	was	been	*être*
bear	bore	borne	*supporter*
beat	beat	beaten	*battre*
become	became	become	*devenir*
begin	began	begun	*commencer*
bend	bent	bent	*(se) courber*
bet	bet	bet	*parier*
bind	bound	bound	*lier*
bite	bit	bitten	*mordre*
bleed	bled	bled	*saigner*
blow	blew	blown	*souffler*
break	broke	broken	*casser*
breed	bred	bred	*donner naissance, élever*
bring	brought	brought	*apporter*

Quelques repères indispensables

Base verbale	Prétérit	Participe passé	Traduction
broadcast	broadcast	broadcast	*transmettre*
build	built	built	*construire*
***burn**	burnt	burnt	*brûler*
burst	burst	burst	*éclater*
buy	bought	bought	*acheter*

C

cast	cast	cast	*projeter*
catch	caught	caught	*attraper*
choose	chose	chosen	*choisir*
come	came	come	*venir*
cost	cost	cost	*coûter*
cut	cut	cut	*couper*

D

deal	dealt	dealt	*distribuer*
dig	dug	dug	*creuser*
do	did	done	*faire*
draw	drew	drawn	*dessiner*
***dream**	dreamt	dreamt	*rêver*
drink	drank	drunk	*boire*
drive	drove	driven	*conduire*

Base verbale	Prétérit	Participe passé	Traduction
E			
eat	ate	eaten	*manger*
F			
fall	fell	fallen	*tomber*
feed	fed	fed	*nourrir*
feel	felt	felt	*sentir*
fight	fought	fought	*combattre*
find	found	found	*trouver*
flee	fled	fled	*fuir*
fling	flung	flung	*lancer*
fly	flew	flown	*voler*
forbid	forbade	forbidden	*interdire*
forget	forgot	forgotten	*oublier*
forgive	forgave	forgiven	*pardonner*
freeze	froze	frozen	*geler*
G			
get	got	got	*obtenir*
give	gave	given	*donner*
go	went	gone	*aller*
grow	grew	grown	*pousser*

QUELQUES REPÈRES INDISPENSABLES

Base verbale	Prétérit	Participe passé	Traduction
H			
hang	hung	hung	*pendre*
have	had	had	*avoir*
hear	heard	heard	*entendre*
hide	hid	hidden	*cacher*
hit	hit	hit	*frapper*
hold	held	held	*tenir*
hurt	hurt	hurt	*faire mal*
I			
keep	kept	kept	*garder*
kneel	knelt	knelt	*s'agenouiller*
know	knew	known	*savoir*
L			
lay	laid	laid	*placer*
lead	led	led	*conduire*
*****lean**	leant	leant	*s'appuyer*
*****leap**	leapt	leapt	*sauter*
*****learn**	learnt	learnt	*apprendre*
leave	left	left	*quitter*
lend	lent	lent	*prêter*

Les verbes irréguliers

Base verbale	Prétérit	Participe passé	Traduction
let	let	let	*laisser*
lie	lay	lain	*être couché*
***light**	lit	lit	*allumer*
lose	lost	lost	*perdre*

M

make	made	made	*faire*
mean	meant	meant	*vouloir dire*
meet	met	met	*rencontrer*
mow	mowed	mown	*tondre*

P

pay	paid	paid	*payer*
put	put	put	*mettre*

R

read	read	read	*lire*
ride	rode	ridden	*aller (à cheval ou à bicyclette)*
ring	rang	rung	*sonner*
rise	rose	risen	*se lever*
run	ran	run	*courir*

QUELQUES REPÈRES INDISPENSABLES

Base verbale	Prétérit	Participe passé	Traduction
s			
saw	sawed	sawn	*scier*
say	said	said	*dire*
see	saw	seen	*voir*
seek	sought	sought	*chercher*
sell	sold	sold	*vendre*
send	sent	sent	*envoyer*
set	set	set	*placer*
sew	sewed	sewn	*coudre*
shake	shook	shaken	*secouer*
shine	shone	shone	*briller*
shoot	shot	shot	*tirer*
show	showed	shown	*montrer*
shrink	shrank	shrunk	*rétrécir*
shut	shut	shut	*fermer*
sing	sang	sung	*chanter*
sink	sank	sunk	*(s') enfoncer*
sit	sat	sat	*(s') asseoir*
sleep	slept	slept	*dormir*
slide	slid	slid	*glisser*
***smell**	smelt	smelt	*sentir*

Les verbes irréguliers

Base verbale	Prétérit	Participe passé	Traduction
speak	spoke	spoken	*parler*
*****speed**	sped	sped	*se presser*
*****spell**	spelt	spelt	*épeler*
spend	spent	spent	*dépenser*
spit	spat	spat	*cracher*
split	split	split	*diviser*
*****spoil**	spoilt	spoilt	*gâter*
spread	spread	spread	*étaler*
spring	sprang	sprung	*jaillir*
stand	stood	stood	*être debout*
steal	stole	stolen	*voler*
stick	stuck	stuck	*coller*
sting	stung	stung	*piquer*
stink	stank	stunk	*sentir mauvais*
stride	strode	stridden	*marcher*
strike	struck	struck	*frapper*
swear	swore	sworn	*jurer*
sweep	swept	swept	*balayer*
swim	swam	swum	*nager*

Base verbale	Prétérit	Participe passé	Traduction
T			
take	took	taken	*prendre*
teach	taught	taught	*enseigner*
tear	tore	torn	*déchirer*
tell	told	told	*dire*
think	thought	thought	*penser*
throw	threw	thrown	*jeter*
U			
understand	understood	understood	*comprendre*
upset	upset	upset	*troubler*
W			
wake	woke	woken	*réveiller*
wear	wore	worn	*porter*
weep	wept	wept	*pleurer*
win	won	won	*gagner*
write	wrote	written	*écrire*